MENINOS E MENINAS EM SITUAÇÃO DE RUA
Políticas integradas para a garantia de direitos

EDITORA AFILIADA

Dados Internacionais de Catalogação na Publicação (CIP)
(Câmara Brasileira do Livro, SP, Brasil)

Meninos e meninas em situação de rua : políticas integradas para a garantia de direitos / Paica-Rua, (org.). – 3. ed. – São Paulo : Cortez ; Brasília, DF : Unicef, 2011. – (Série fazer valer os direitos ; v. 2)

Bibliografia.
ISBN 978-85-249-0887-3 (Cortez)

1. Crianças – Direitos 2. Crianças de rua – Porto Alegre (RS) 3. Menores – Leis e legislação – Brasil 4. Porto Alegre (RS) – Política social I. Paica-Rua II. Série.

02-4735 CDD-362.70981651

Índices para catálogo sistemático:

1. Porto Alegre : Rio Grande do Sul : Meninos e meninas de rua : Assistência social : Bem-estar social 362.70981651

PAICA-Rua (Org.)

MENINOS E MENINAS EM SITUAÇÃO DE RUA
Políticas integradas para a garantia de direitos

3ª edição

Série Fazer Valer os Direitos
Volume 2

Fundo das Nações Unidas para a Infância

MENINOS E MENINAS EM SITUAÇÃO DE RUA. Políticas Integradas para a Garantia de Direitos – Volume 2

Capa: DAC
Preparação dos originais: Carmen Tereza da Costa
Revisão: Maria de Lourdes de Almeida
Composição: Dany Editora Ltda.
Coordenação editorial: Danilo A. Q. Morales

Nenhuma parte desta obra pode ser reproduzida ou duplicada sem autorização expressa do Programa Municipal de Atenção Integral a Crianças e Adolescentes em Situação de Rua — PAICA-Rua da PMPA e dos editores.

© by Autores

Direitos para esta edição
CORTEZ EDITORA
Rua Monte Alegre, 1074 – Perdizes
05014-001 – São Paulo – SP
Tel.: (11) 3864-0111   Fax: (11) 3864-4290
E-mail: cortez@cortezeditora.com.br
www.cortezeditora.com.br

Direitos para esta edição
CORTEZ EDITORA
Rua Bartira, 317 — Perdizes
05009-000 — São Paulo - SP
Tel.: (11) 3864-0111   Fax: (11) 3864-4290
E-mail: cortez@cortezeditora.com.br
www.cortezeditora.com.br

Impresso no Brasil – abril de 2011

SUMÁRIO

Siglas e abreviaturas	7
Criança é coisa séria	11
Introdução — Conhecendo a Cidade de Porto Alegre	13
Capítulo I — Educação Social de Rua	21
Capítulo II — Oficinas Culturais e Esportivas	37
Capítulo III — Acolhimento Noturno	41
Capítulo IV — Escola Municipal Porto Alegre	47
Capítulo V — Casa de Acolhimento	57
Capítulo VI — Casa Harmonia	63
Capítulo VII — Ambulatório Pró-Jovem	71
Capítulo VIII — A Experiência do Programa Família, Apoio e Proteção	89
Capítulo IX — Abrigo Municipal Ingá Brita	99
Capítulo X — Bolsa Jovem Adulto: Projeto "Apoio ao Jovem com Trajetória de Vida na rua do Município de Porto Alegre	105
Capítulo XI — Perspectivas: Trabalho Educativo e Geração de Renda	109
Capítulo XII — Projeto Papel Social	113
Capítulo XIII — Perspectivas: Política de Habitação	117
Capítulo XIV — Como Tudo Começa e Como Continua	125

Siglas e abreviaturas

FESC — Fundação de Educação Social e Cidadania

FASC — Fundação de Assistência Social e Cidadania

ESR — Educação Social de Rua

EPA — Escola Municipal Porto Alegre

ABRINQ — Fundação Abrinq pelos Direitos da Criança e do Adolescente

SGM — Secretaria do Governo Municipal

SMS — Secretaria Municipal da Saúde

SMED — Secretaria Municipal de Educação

SME — Secretaria Municipal de Esporte, Recreação e Lazer

SMIC — Secretaria de Produção, Indústria e Comércio

SMC — Secretaria Municipal de Cultura

CCS — Coordenação de Comunicação Social

CRC — Coordenação de Relações com a Comunidade

DMLU — Departamento Municipal de Limpeza Urbana

DEP — Departamento de Esgotos Pluviais

GAPLAN — Gabinete do Planejamento

CDHC — Coordenação de Direitos Humanos e Cidadania

GP — Gabinete do Prefeito

DEMHAB — Departamento Municipal de Habitação

SMA — Secretaria Municipal da Administração

SMAM — Secretaria Municipal do Meio Ambiente
PMPA — Prefeitura Municipal de Porto Alegre
UNICEF — Fundo das Nações Unidas para a Infância
PAIACAUSPA — Programa Municipal de Atenção Integral a Crianças e Adolescentes Usuários de Substâncias Psicoativas
CRAS — Conselho Regional de Assistência Social
CLIS — Comissões Locais de Saúde
CMDCA — Conselho Municipal dos Direitos da Criança e do Adolescente
CMAS — Conselho Municipal de Assistência Social
CMS — Conselho Municipal de Saúde
COMEN — Conselho Municipal de Entorpecentes
ECA — Estatuto da Criança e do Adolescente
ETD — Equipe Técnico Diretiva
SESRUA — Serviço de Educação Social de Rua
HIV — Vírus de Imunodeficiência Adquirida
NIE — Núcleo do Trabalho Educativo
NCC — Núcleo de Comunicação e Cultura
NEA — Núcleo de Educação Ambiental
SAIA — Serviço de Acolhimento, Integração e Acompanhamento
AMIB — Abrigo Municipal Inga Brita
OMS — Organização Mundial de Saúde
SUS — Sistema Único de Saúde
CT — Conselho Tutelar
DECA — Departamento Estadual da Criança e do Adolescente
SPA — Substância Psicoativa
CEFI — Centro de Estudos da Família e do Indivíduo
DST — Doença Sexualmente Transmissível
FEBEM — Fundação Estadual do Bem Estar do Menor
LACRI — Laboratório de Estudos da Criança

NEPAD/UERJ — Núcleo de Estudos e Pesquisa em Atenção ao Uso de Drogas — Universidade do Estado do Rio de Janeiro

PROAD/UNIFESP-EPM — Programa de Orientação de Atendimento a Dependentes — Universidade Federal de São Paulo — Escola Paulista de Medicina

LOAS — Lei Orgânica de Assistência Social

NASF — Núcleo de Apoio Sócio-Familiar

PETI — Programa de Erradicação do Trabalho Infantil

USP — Universidade São Paulo

PETEC — Programa de Educação para Trabalho e Cidadania

PRF — Programa de Regularização Fundiária

PAICA-Rua — Programa Municipal de Atenção Integral a Crianças e Adolescentes em Situação de Rua

Criança é coisa séria

A criança é o princípio sem fim. O fim da criança é o princípio do fim.

Quando uma sociedade deixa matar as crianças é porque começou seu suicídio como sociedade.

Quando não as ama é porque deixou de se reconhecer como sociedade.

Afinal, a criança é o que fui em mim e em meus filhos, enquanto eu e a humanidade.

Ela como princípio é a promessa de tudo. É minha obra livre de mim.

Se não vejo na criança, uma criança, é porque alguém a violentou antes e o que vejo é o que sobrou de tudo que lhe foi tirado. Mas essa que vejo na rua, sem pai, sem mãe, sem casa, cama e comida, essa que vive a solidão das noites sem gente por perto, é um grito, é um espanto. Diante dela, o mundo deveria parar para começar um novo encontro, porque a criança é o princípio sem fim e o seu fim é o fim de todos nós.

Herbert de Souza

Introdução

CONHECENDO A CIDADE DE PORTO ALEGRE

Em Porto Alegre a cidadania faz história com um exemplo de gestão pública. É o Orçamento Participativo que reconstrói o conceito do que é público, gestando uma cultura democrática, em que a participação deixa de ser uma concessão para ser uma conquista. Os indivíduos tornam-se sujeitos coletivos, compreendendo que a sua participação é fundamental para a construção de uma cidade cada vez melhor.

Em outras palavras, nesta cidade a democracia sai do papel para entrar no dia-a-dia da população.

Esta conduta política e administrativa fizeram com que o enfrentamento da realidade de exclusão social se desse em movimentos de co-responsabilidade com a sociedade civil organizada, trazendo à tona contradições e tensionamentos. A violação dos direitos sofrida por crianças e adolescentes era percebida pela política municipal, não havendo respostas eficientes para a sua superação. Uma das primeiras iniciativas nessa área, em 1993, foi a implementação do Projeto Jovem Cidadão, experiência intersecretarias (Saúde, Assistência Social e Educação) que pretendia a constituição do atendimento integral de crianças e adolescentes em situação de risco, como retaguarda ao atendimento dos Conselhos Tutelares.[1]

Em 1994 a sociedade civil e o poder público organizam-se através da I Conferência Municipal da Criança e do Adolescente e do Pacto pela Infância[2], para estabelecer diretrizes no atendimento da infância e juventude, ressaltando como prioridade na cidade o enfrentamento da situação de rua e drogadição.

Neste período, com a municipalização da Assistência Social, a Fundação de Educação Social e Comunitária (FESC)[3] passa a gerir o setor, assumindo o compromisso de propor e desenvolver programas e projetos que acolham o indivíduo na sua integralidade, buscando através dos serviços um enfoque de atendimento que considere o sujeito e o contexto no qual está inserido.

Entre as políticas implementadas, a FESC constituiu uma equipe de Educação Social de Rua (ESR) com objetivo de mapear a realidade de crianças e adolescentes em situação de rua na região central da cidade, estabelecendo vínculos e possibilidades de superação desta situação.

Inicia-se ainda o processo de constituição da Escola Municipal Porto Alegre (EPA), inicialmente chamada Escola Aberta do Centro e vinculada à Secretaria Municipal da Educação, voltada para crianças e adolescentes em situação de rua trabalhando a construção ou retomada de seus projetos de vida.

Em 1996 foi implantado o Programa de Apoio Sócio-Familiar, a partir da experiência do Projeto Sinal Verde (1995), que trabalhou com famílias que tinham a realidade de crianças e adolescentes na mendicância.

---

1. Conselho Tutelar: órgão permanente e autônomo, não jurisdicional, encarregado pela sociedade de zelar pelo cumprimento dos direitos da criança e do adolescente, conforme definição da Lei federal nº 8.069/1990.

2. Pacto pela Infância foi uma articulação entre sociedade civil e poder público municipal, que, ao discutir a realidade da criança e do adolescente, estabeleceu trinta metas a serem cumpridas com prioridade, pela garantia de direitos.

3. FESC — Fundação de Educação Social e Comunitária, atualmente com o nome de Fundação de Assistência Social e Cidadania (FASC).

INTRODUÇÃO

Em 1997 o Ambulatório Pró-Jovem passa a integrar a rede municipal de saúde, para o atendimento de adolescentes com idade entre 10 a 20 anos incompletos, vítimas de abuso sexual, considerando que esse serviço era mantido pela Santa Casa de Misericórdia de Porto Alegre e estava extinto desde 1996.

No mesmo ano, a EPA encaminha relatório de seu trabalho ao Fórum de Políticas Sociais,[4] denunciando a falta de retaguarda para o atendimento de crianças e adolescentes usuários de substâncias psicoativas em situação de rua. Em junho, o governo assina o Compromisso Prefeito Criança, um programa da Fundação ABRINQ, em que a prefeitura municipal de Porto Alegre compromete-se com a melhoria da qualidade de vida das crianças e adolescentes da cidade, através do trabalho de todas as suas Secretarias e Órgãos Municipais.

Em reconhecimento ao empenho da PMPA no trabalho intersecretarias, o UNICEF disponibilizou um assessor para acompanhar o processo. Organizou-se um grupo de trabalho entre as Secretarias Municipais de Assistência, Educação, Saúde e Governo (FASC, SMED, SMS e SGM) para estruturar o I Colóquio Família, Rua e Drogadição, no intuito de discutir com o conjunto do governo e sociedade civil as ações de enfrentamento a estas questões da situação de rua e drogadição. A primeira resposta passa por constituir uma equipe intersecretarias para organizar ações

---

4. Instância governamental que atualmente congrega vinte e uma secretarias envolvidas com as políticas sociais do Município, definindo estratégias e ações prioritárias para a área. Compõem este Fórum as seguintes secretarias: Secretaria do Governo Municipal (SGM), Secretaria Municipal da Saúde (SMS), Secretaria Municipal de Educação (SMED), Secretaria Municipal de Esportes, Recreação e Lazer (SME), Secretaria Municipal de Produção, Indústria e Comércio (SMIC), Secretaria Municipal da Cultura (SMC), Coordenação de Comunicação Social (CCS), Coordenação de Relações com a Comunidade (CRC), Departamento de Limpeza Urbana (DMLU), Departamento de Esgotos Pluviais (DEP), Gabinete de Planejamento (GAPLAN), Coordenação de Direitos Humanos e Cidadania (CDHC), Gabinete do Prefeito (GP), Fundação de Assistência Social e Cidadania (FASC), Departamento de Habitação (DEMHAB), Secretaria Municipal de Administração (SMA), Secretaria Municipal do Meio Ambiente (SMAM), Secretaria Municipal de Obras e Viação (SMOV), Secretaria Extraordinária de Captação de Recursos e Cooperação Internacional (SECAR), Companhia de Processamento de Dados do Município de Porto Alegre (PROCEMPA) e Departamento Municipal de Água e Esgotos (DMAE).

articuladas nas políticas sociais. A formatação deste grupo implica às secretarias da Assistência, Saúde, Educação e Esporte, na discussão de temas com enfoque na atenção integral: drogadição, educação social de rua, família, projeto de vida e capacitação.

Nosso ponto de partida era de que essas crianças não estavam acolhidas em suas famílias e/ou comunidades. Rompendo com essas fronteiras de proteção, deparam-se com uma realidade extremamente dura que exige delas estratégias de sobrevivência que, muitas vezes conduzem à droga como subterfúgio na vivência da situação de rua.

Assim, criou-se o Programa de Atenção Integral a Crianças e Adolescentes Usuários de Substâncias Psicoativas (PAICAUSPA). Sua tarefa inicial era priorizar ações focadas no uso abusivo de substâncias psicoativas, mas em seu processo de consolidação realizou-se o debate do que veio a ser o grande enfrentamento: a exclusão social e o conjunto de ações a serem executadas, de forma articulada, pelas políticas sociais, passando a denominar-se em 2001, *Programa Municipal de Atenção Integral a Crianças e Adolescentes em Situação de Rua*/PAICA-Rua.

Apostando na constituição de uma metodologia que subsidiasse intervenções nesta área, o UNICEF e a Prefeitura investem neste programa, repassando recursos financeiros para projetos específicos: Bolsa-Família, Bolsa-Adolescente, Capacitação Continuada, Leitos para Adolescentes, Comunicação, Assessoria e Avaliação.

É reforçada a concepção de atendimento integral, desencadeando a discussão da articulação intersetorial para ser apropriada e debatida nas reconhecidas instâncias democráticas da cidade, em especial no Orçamento Participativo e Conselhos Setoriais.[5]

Este processo histórico de discussão envolvendo governo, sociedade civil e organizações não-governamentais compôs a con-

---

5. Referimo-nos aqui aos Conselhos Regionais de Assistência Social (CRAS), Comissões Locais de Saúde (CLIS), Conselho Municipal dos Direitos da Criança e do Adolescente (CMDCA), Conselho Municipal de Assistência Social (CMAS), Conselho Municipal de Saúde (CMS), Conselho Municipal de Entorpecentes (COMEN).

cepção do Programa de Atenção Integral a Crianças e Adolescentes Usuários de Substâncias Psicoativas. Esta construção coletiva teve como princípio o respeito ao ECA e a clareza de que somente uma ação em rede, articulada, integrada e com concepções definidas pode dar conta de atender ao nosso principal objetivo: a inclusão social das crianças e adolescentes em situação de rua na cidade de Porto Alegre.

Nesta concepção, somente uma metodologia de trabalho baseada nos princípios da democracia, solidariedade e no respeito às diversidades manteria o programa vivo e em constante processo de qualificação. Estes princípios dizem respeito a uma metodologia participativa, que fortaleça as práticas horizontalizadas, descentralizadas e interdisciplinares no interior de cada serviço, em que o planejamento manifesta a vontade coletiva, tornando visível a realidade desejada. Ou seja, a alteração da realidade existente pressupõe um planejamento coletivo que respeite a especificidade de cada um dos sujeitos envolvidos.

"Entretanto, o processo de planejamento participativo, enquanto construção coletiva, só se realiza a partir da reflexão sobre a realidade, onde os sujeitos envolvidos socializam experiências, recebem informações, criticam ações e situações, aprendem e se instrumentalizam, em busca da potencialização dos direitos sociais, (...) interagindo e refazendo o mundo." (AZEVEDO, José et al. Utopia e Democracia na Educação Cidadã, 2000, p. 502-503)

Neste processo dialético, de constante avaliação, reflexão e ação sobre a prática, a concepção de rede de atendimento necessita ser sistematicamente fortalecida e renovada, traduzindo o contexto social ao qual está inserida. Esta reflexão sistemática é garantida pela atuação da Equipe Técnico Diretiva (ETD), composta por dez secretarias,[6] que reúnem-se sistematicamente para

---

6. Secretarias que compõem a ETD: Secretaria Municipal da Saúde (SMS), Secretaria Municipal de Educação (SMED), Secretaria Municipal da Cultura (SMC), Secretaria Municipal de Esportes, Recreação e Lazer (SME), Secretaria do Governo Municipal

articular ações e políticas, discutindo-as no Fórum de Políticas Sociais, sob a coordenação da Secretaria do Governo Municipal.

Sedimentadas as bases para desenvolver a qualificação da rede de atendimento, o trabalho em rede demanda a proposição de novas ações, como os serviços estratégicos implantados em resposta aos tensionamentos vividos por lacunas de atendimento: *Casa de Acolhimento*, abrigo vinculado à política de Assistência Social, e *Casa Harmonia*, espaço de tratamento da drogadição, coordenado pela política da Saúde, bem como o reordenamento do *Serviço de Educação Social de Rua*, investindo num diagnóstico mais amplo sobre a realidade da rua, reconhecendo relações de moradia e sobrevivência. Na esteira destes movimentos ampliamos o acolhimento das situações de rua na rede de atendimento básica (comunidade) ou especializada, investindo em projetos de inclusão social.

Atualmente o PAICA-Rua vive mais um momento de investimento e construção: experimenta projetos nas áreas de Esporte e Cultura e implantou o Serviço de Acolhimento Noturno, um espaço de pernoite para adolescentes com história de vida na rua, entendendo como processual a alteração da situação de rua vivida pelos adolescentes da nossa cidade. Reforçando a lógica de articulação e interfaces, que basicamente caracterizam o Programa, estamos trabalhando para agregar propostas e ações junto às políticas de moradia e de trabalho e geração de renda.

Atualmente a ETD investe, entre outros desafios, na consolidação do modo de gestão apontado pelo PAICA-Rua, considerando a necessidade de descentralização do atendimento de crianças e adolescentes em situação de rua, contando com a qualificação da rede de atendimento e contemplando uma política inclusiva para toda a cidade.

(SGM), Fundação de Assistência Social e Cidadania (FASC), Secretaria Municipal de Produção, Indústria e Comércio (SMIC), Departamento Municipal de Habitação (DEMHAB), Secretaria Municipal do Meio Ambiente (SMAM) e Coordenação de Direitos Humanos e Cidadania (CDHC).

Todo esse processo de trabalho intersetorial, integrado e participativo composto por diversas secretarias e departamentos da Administração Pública Municipal, estabelece uma interlocução constante através das diferentes frentes de acolhimento à situação de rua, conforme iremos detalhar nos capítulos a seguir.

Capítulo I
EDUCAÇÃO SOCIAL DE RUA

Miriam Pereira Lemos*
Silvia Giugliani**

"Temos o direito de sermos iguais sempre que as diferenças nos inferiorizem;
Temos o direito de sermos diferentes sempre que a igualdade nos descaracterize."

Boaventura de Sousa Santos,
As tensões da modernidade

Falar da proposta de trabalho do Serviço de Educação Social de Rua talvez seja falar um pouco de cada um de nós, do quanto o exercício de ver o outro é enxergar a vida de um outro lugar.

---

* Licenciada em Ciências Sociais e mestra em Educação e Exclusão Social pela UFRGS, atuou como educadora de rua pela PMPA, coordenadora pedagógica e diretora da Escola Municipal Porto Alegre — SMED/PMPA, destinada a crianças e adolescentes que vivem nas ruas centrais de Porto Alegre.

** Licenciada em Psicologia, atuou como gerente da Unidade Operacional Centro que, reordenada, originou a Casa de Acolhimento (FASC) e o Serviço de Educação Social de Rua, do qual é coordenadora, e o Acolhimento Noturno, representa a FASC na Equipe Técnico-Diretiva do Programa de Atenção Integral/PMPA.

A possibilidade, o desejo, a necessidade de olhar a rua, se multiplica pelo país a partir de inúmeras experiências. Muitas foram além das contagens e mapeamentos, conseguiram enxergar um sujeito, complexo, sofrido, mutilado em seus projetos, em seus direitos, em sua condição humana.

Mesmo violado em seus direitos básicos, utilizando-se das linguagens que lhe foram possíveis acessar, este sujeito — em nosso caso, criança e adolescente — nos traduzia o universo da rua, o que possibilitava uma aproximação com esta realidade capaz de justificar escrever projetos propondo ações governamentais que partissem da rua e que aos poucos pudessem contagiar a política pública, escancarando de quais direitos, de quais brincadeiras, de quais escolas estávamos falando.

O Serviço de Educação Social de Rua (SESRUA) inicia sua trajetória, dentro da Prefeitura Municipal de Porto Alegre de forma tímida, não pela postura dos educadores, mas pelo espaço político destinado às suas interlocuções. A partir de 1994, vinculados à política de Assistência Social, existem movimentos institucionais que pautam a violação dos direitos das crianças e dos adolescentes que vivem ou perambulam pelas ruas da cidade. Muitas vezes sua face criança prevalece à luz da brincadeira, da ingenuidade, mas em outros momentos a face da exclusão social, do abandono, se impõe e desfoca este sujeito, seja na dose do abuso, da exploração ou da droga.

A prática das primeiras equipes de educadores era sempre como ação anexa a outra estrutura funcional, portanto a busca pela autonomia e pela autoria dos diagnósticos e propostas constitui-se em metas a serem alcançadas.

A partir do amadurecimento das políticas públicas, do seu direcionamento em priorizar o atendimento das demandas da população excluída da rede de serviços e, mais do que isso, a partir dos tensionamentos gerados e sofridos pelos serviços de atendimento direto a crianças e adolescentes em situação de rua, o olhar destinado a esta realidade encontra seu melhor lugar. Passamos então a falar da constituição do Programa de Atenção Integral a

Crianças e Adolescentes Usuários de Substâncias Psicoativas, momento de grande dor, porque o que nos leva às discussões é a fragilidade da nossa resposta, a fragmentação com que ela se propõe, mas sem dúvida, marca uma das ocasiões de maior fecundidade dentro da experiência de construir uma sociedade justa, de retirar da banalidade cenas de abandono, negligência e violência e de colocá-las no cenário da responsabilização social e política.

Neste momento o olhar do educador ocupa um lugar de "fala" dentro das estruturas de poder. Sua reflexão acerca da rua, do quanto esta aprisiona, numa suposta e perversa liberdade, denuncia as possibilidades desses sujeitos, em desenvolvimento, serem sujeitos da sua história de vida, protagonistas das suas potencialidades. Nosso desafio é também educar a cidade — e, por que não dizer, educar o governo — a pautar como prioridade a inclusão de sujeitos que não respondem, não são dóceis, ao nosso primeiro movimento de aproximação, e muito menos aos encaminhamentos propostos. Aos nossos olhos de adultos educadores, o que poderia ser melhor do que sair da rua? A frágil resposta virá amparada na subjetividade que foi capaz de construir, e é exatamente esta a nossa brecha, o nosso desafio, respeitar esta construção e a partir dela alavancar um processo de protagonismo, em que o limite para alteração da situação da rua será estabelecido a medida que se trabalhem os desejos deste sujeito, é hora de ir além das necessidades: o que se coloca é referenciar um outro lugar que não a rua.

Nesse momento o SESRUA não estava isolado; educadores, especialmente da Escola Porto Alegre, eram porta-vozes legítimos das demandas da gurizada de rua, não se calando diante da lentidão com que se opera, por vezes, na política pública.

A partir da consolidação da proposta do Programa de Atenção Integral, foi possível construir interfaces que se desafiaram a superar em conjunto as dificuldades da proposta de inclusão social, desde o espaço da rua, desde a realidade da rua e, principalmente, desde as singularidades da rua, que teimavam em não se encaixar nos critérios existentes dos serviços e programas propostos pela rede de atendimento.

É neste contexto que alcançamos uma das metas propostas pelo SESRUA: alterar o cenário de interlocuções. Por longos períodos existia a mediação unicamente da Assistência Social para negociar o ingresso das crianças e adolescentes na rede de serviços da cidade, esbarrando no desconhecimento dos sujeitos demandantes por parte da rede. Foi a partir da composição de um Núcleo de Educação Social de Rua Intersecretarias (1998) que se fez possível perceber com maior abrangência e consistência esta realidade. O SESRUA começa então a contar com educadores das equipes de serviços de atendimento direto a crianças e adolescentes em situação de rua que, em parte da sua carga horária, passam a compor as equipes de abordagem de rua. O restante da sua jornada de trabalho é dedicado ao acolhimento deste sujeito no espaço de atendimento, potencializando o vínculo estabelecido nos momentos de abordagem, no território da rua. Os serviços estão dentro das políticas de Saúde, Educação, Esporte e Cultura, coordenados pela Assistência Social.

Esta estratégia pôde abarcar duas situações: a primeira já citamos, seria a inclusão a partir da mediação do educador do próprio serviço, a segunda foi o nosso aprendizado. A partir da vivência na rua, e através dela, passou-se a enxergar as lacunas de atendimento; como resultados, os novos serviços implantados ou reordenados dentro do PAICA-Rua foram demandados pelas próprias equipes, estabelecendo um movimento de base para incidir na política existente.

Atualmente o SESRUA vive o seu terceiro reordenamento.

Desde o início, o serviço se pautava por estar na rua, através de equipes de educadores, de forma sistemática, nos espaços de maior concentração de crianças e adolescentes com história de vida na rua, na área central da cidade. A proposta era o estabelecimento de vínculo, conforme veremos de forma detalhada dentro do eixo da metodologia. A partir do vínculo estabelecido, as possibilidades se construiriam no sentido de a criança/adolescente acessar a rede de atendimento. Naquele momento a equipe contava com poucos recursos humanos e nenhum recurso material, o que fragilizava os encaminhamentos a serem realizados.

Num segundo momento (2000), a partir do respaldo do PAICA-Rua e dos reordenamentos implementados, o SESRUA passa a contar com estrutura própria, tanto de recursos humanos quanto materiais, iniciando um processo que visaria ampliar o impacto e a resolutividade pretendida. Nesta fase a grande mudança que marca o SESRUA será a ampliação da sua proposta de intervenção, mantemos os passos metodológicos mas ampliamos nossa área de abrangência. O SESRUA, que continua atuando na região central da cidade, a partir do seu Núcleo Intersecretarias agora com uma sistematicidade maior, passa a atender os chamados da população para realizar abordagens solicitadas por esta, em toda a extensão da cidade. Além de nos aproximarmos de situações de risco, que poderiam permanecer à margem dos organismos de proteção, este momento de interlocução com a população, a partir da sua solicitação de abordagem, mas principalmente a partir do retorno da intervenção realizada e possíveis encaminhamentos dados pelo educador, podemos dizer que é um momento em que educar a cidade sobre a realidade da situação de rua vivida por crianças e adolescentes pode ser mais um movimento em direção à percepção desta criança/adolescente como sujeito de direitos.

Usamos argumentos que explicitam nossa visão de mundo e que pretendemos possam ser considerados por quem se sensibilizou, ou quem sabe se incomodou com a presença da criança ou do adolescente ocupando sua calçada. Algumas das situações mais freqüentes de solicitação de abordagem se dá em relação à Exploração do Trabalho Infantil, Exploração Sexual e Drogadição.

A esmola, ou a venda de algo em cada cruzamento ou sinaleira, indica para esta criança, ainda com vínculo familiar, que em algum momento seu ganho é concreto, imediato e não raro superior ao de seus pais. Através deste ganho fácil, é possível auxiliar na manutenção de sua família, tentar adquirir seus sonhos de consumo. Este ganho significa para esta criança, com modelos paternos fragilizados pela exclusão social, pelo desemprego, o afastamento do espaço da escola, a inversão de valores e o ônus trágico de suprimir do seu processo de desenvolvimento uma etapa tão vital: a infância. Neste contexto deixamos de enxergar o "sujeito" por trás do pedido de "qualquer coisa" para, provavelmente, vermos um "objeto", sem direitos, sem desejos.

O fato de ter deixado de brincar nesta etapa causa uma lacuna que só será percebida quando este vazio for preenchido pela droga, pela rigidez afetiva, pela passividade, pelo não envolvimento em projeto algum. O desafio de sobreviver dura 24 horas, se renovando nas 24 horas seguintes, sem projeto, sem continuidade.

Em 2001 consolidamos nossa autonomia; o Serviço de Educação Social de Rua passa a ter além do Núcleo Intersecretarias, o Núcleo Central, com educadores e técnicos da FASC, estrutura que possibilitará a agilização de muitos procedimentos que não tinham como serem efetivados mantendo o fechamento das discussões dos estudos de casos nos espaços intersecretarias ou interinstitucional. A equipe de educadores foi ampliada, e seu funcionamento se dá das 7 às 24 horas, nas formas de abordagens já mencionadas: solicitações demandadas pela população e saídas, agora diárias, na região central da cidade, alterando a partir da presença do educador a possibilidade e a intensidade do vínculo proposto. A equipe conta com educadores que atuam direta e diariamente nas abordagens, investindo no estabelecimento do vínculo e retornando ao núcleo central com dados que possibilitam a montagem da história de vida destes sujeitos; esta intervenção, da construção da história de vida, fica basicamente sob responsabilidade da equipe técnica, que hoje conta com profissionais do Serviço Social e da Psicologia, e que, em diversos momentos, também atua no contexto da rua e da abordagem. Trabalhamos com a montagem da história de vida sob três óticas complementares: (a) *história de vida oral*, contada pelo sujeito, amparado nas suas construções internas, sendo este nosso ponto de partida para investir no seu processo de subjetivação; (b) *história familiar*, que inclui visitas domiciliares, entrevistas e inclusão da família em Programa específico de Apoio e Proteção, para que ela desenvolva mecanismos de funcionamento que permita uma convivência mais saudável e, principalmente, que incida no retorno e permanência da criança/adolescente que estava em situação de rua para sua família, sua comunidade, invertendo, desta forma, a lógica institucionalizante, e (c) *história institucional*, que seria, a partir de informações fornecidas pela própria criança/adolescente e pelos contatos institucionais realizados pelos educadores e técnicas, montar o caminho já percorrido pela criança/adolescente, tentando diminuir as contradições e resistências a eventuais encaminhamentos. Por dentro da questão institucional passam os contatos com os órgãos Operadores de Direito: Conselho Tutelar, Ministério Público e Juizado da Infância e Juventude, bem como a Departamento do Adolescente (em conflito com a lei) e a Departamento da Criança e Adolescente Vítima. É necessário que o conjunto de atores esteja articulado, nos desdobramentos de cada caso. É fundamental que nossa linguagem seja de convencimento, para que a adesão ao que está sendo proposto faça sentido. Isso não nos coloca num lugar de onipotência, mas de educadores, e se em algum momento tivermos que rever nossas posições, que o façamos sem pudores ou constrangimentos. Nossa coerência deve estar em saber ponderar a cada novo elemento, a condição de crescimento psíquico deste sujeito, que, fortalecido, saberá usufruir das suas melhores chances.

Falamos dos Núcleos Central e Intersecretarias, estruturas já em funcionamento do SESRUA. Deixamos por último, mas talvez seja nosso melhor produto, o processo que ainda está sendo gestado e que será o grande desafio deste período: os Núcleos Descentralizados. Estas estruturas deverão ser compostas por serviços referência na rede intersecretarias, em especial nas áreas de assistência, educação, saúde, esporte e cultura, que sejam articuladores e propositores de espaços de inclusão social, para as situações de rua vividas na própria comunidade, bem como acolhendo a demanda indicada pelo Núcleo Central e Intersecretarias (da região central), que apontem a possibilidade de retorno para a sua comunidade de origem. Para tanto, a implantação de Núcleos Regionais de Educação Social de Rua deverá contemplar as microrregiões do Conselho Tutelar, mapeando os locais de concentração e fluxo de crianças e adolescentes em situação de risco (mendicância, trabalho infantil, exploração sexual, tráfico etc.), estabelecendo uma leitura diagnóstica dos movimentos existentes na comunidade que, em algum momento, possam provocar a expulsão desta criança ou adolescente da sua comunidade, bem como, a partir do processo de abordagem, investir na vinculação e construção de movimentos que visem ao retorno e à permanência na rede de atendimento.

O grande salto de qualidade deverá se dar quando a intervenção descentralizada, possibilitar desenvolver em paralelo várias intervenções que darão um sentido de prevenção, evitando, em muitos casos, a vinda para rua, potencializando a permanência das criança/adolescente na rede de serviços da região, fazendo com que esta se reveja, avaliando sua eficácia em ser continente às necessidades da comunidade.

Este estado de alerta, sem dúvida, qualificará a resposta comunitária, fazendo com que as crianças, adolescentes e suas famílias tenham uma real possibilidade de interlocução e atenção.

Propomos, daqui para a frente, pensar a rua, a partir de um olhar metodológico.

O que redefine a rua como espaço de onde as crianças devam ser "retiradas" é a violência. Tanto a violência sofrida quanto a exercida, pois elas são circulares. Estar na rua não significa, por si só, estar "abandonado". O estado de destituição dos direitos básicos (crianças dormindo pelas ruas, roubando e/ou revirando lixo para viver, vendendo seus corpos por um pouco de comida e proteção, injetando-se com seringas contaminadas pela água do esgoto e pelo vírus HIV) é o que define o "abandono" social.

O que dizer da rua como espaço privilegiado para acontecer a educação no sentido amplo do conceito, compreendido aqui como a relação de construção de conhecimento, de re-elaboração dos saberes individuais e coletivos, de produção cultural e de transformação social, num processo dinâmico em que educar na rua demanda educar a rua. Educar a rua significa estabelecer um diálogo com a sociedade sobre o reconhecimento das crianças e adolescentes em situação de rua, sujeitos violados em seus direitos.

As etapas que seguem estão organizadas de maneira didática, mas não são necessariamente estanques e hierárquicas, podem ocorrer simultaneamente. Sendo que o mapeamento inicial, em geral, é feito conjuntamente às análises teóricas dos dados estatísticos dos locais, dos sujeitos, suas histórias, análise conjuntural e estrutural, revisão bibliográfica das temáticas emergentes da rua etc. Estas etapas foram sendo construídas e revisitadas ao longo dos trabalhos realizados de educação social de rua, tanto governamental, como não-governamental, com base em experiências do restante do país.

Primeiramente a observação não-participante. Ir à rua, um despojar-se do olhar viciado nas mesmas direções e do olhar no vazio; despojar-se da pretensão de já saber tudo, já conhecer tudo ou da ansiedade em objetivar ações sem procurar antes entender melhor a realidade. É um primeiro mapeamento do trabalho. Saber os locais de maior concentração de crianças e jovens, os horários em que se encontram na rua e os melhores momentos para uma intervenção com melhor qualidade de diálogo. É estar presente em cada passo, saber descobrir os códigos que a rua nos apresenta, a semiótica do espaço. Ter "pescoço de coruja", olhar ao redor, para todas as direções. Não deixar que o acaso nos pegue totalmente de surpresa. Estranhar o que nos é familiar e familiarizar-se com o estranho sem nos confundirmos com ele.

A *observação participante*: saber intervir. Este é o primeiro contato mais próximo. É a etapa em que normalmente somos abordados antes de abordar. É quando deixamos que a criança chegue até nós, pois vão querer saber o que fazemos ali naquele território.

Querem saber o que significa esse olhar que lançamos sobre eles. Esse olhar que não é de desprezo ou de medo, como estão acostumados a receber. É o primeiro momento da fala e da escuta, do diálogo por excelência. Da dialogicidade dos sons e não apenas dos olhares e dos corpos movendo-se no espaço comum. Das apresentações.

A *abordagem propriamente dita*: abordar significa tocar, chegar em, intervir em uma situação determinada, com objetivos claros e definidos aprioristicamente. As abordagens, em geral, são mais planejadas, mais discutidas anteriormente. Vai-se para a rua com o intuito de intervir em determinada situação, com determinado grupo e local. A abordagem pode ser realizada com atividades, com encaminhamentos para saída da rua, ou pode ser um mero diálogo para conhecer mais profundamente aquela realidade e vir melhor preparado da próxima vez.

As atividades podem ser diversas e dependem da criatividade e do bom senso de quem as propõe. Jogar bola nas praças centrais, já percebemos que não dá bom resultado. Às vezes, é preciso desenvolver as atividades na rua, para garantir a vinculação de quem não vai a outro espaço. A propósito, é preciso sair dos "locais quentes": pontos de tráfico ou uso intenso de drogas; de venda de furtos; pontos de exploração sexual; áreas apertadas e com pouca ventilação (como em alguns "mocós"[1]). Em todas as etapas, mas principalmente nesta, é importante saber o momento de retirar-se quando não há mais "clima", quebraram-se os combinados, ou o interesse do grupo acabou. De todas as atividades relatadas por educadores, as que conseguem envolver o corpo ou a música demandam muito mais por parte dos educadores no sentido de "segurarem a onda", pois os(as) meninos(as) se envolvem completamente, sem restrições e sem limites. O corpo é mais de seu domínio do que do educador — mesmo que este seja um especialista. Já as que envolvem leitu-

---

1. Locais de moradia na rua, normalmente escondidos, camuflados.

ra, contagem de histórias, desenho e pintura espontânea ficam no rol de atividades "calmantes", de domínio maior do educador, mas são igualmente bem-vindas.

Os *encaminhamentos*: para equipamentos de saúde, higiene básica, educação, para a família, para programas de atendimento socioeducativo, para os conselhos tutelares etc. Há polêmica entre os educadores sociais de rua de todo o país sobre as atividades propostas na rua, quanto a sua periodicidade, ludicidade e prazer. Se estas podem "fixar" as crianças na rua (tornando-a um espaço de liberdade mais agradável e menos dolorosa), em vez de apenas estabelecer os vínculos para a saída da mesma. Quanto aos encaminhamentos, a divergência é ainda maior, principalmente no que se refere ao desejo do(a) menino(a) de sair da rua.

Até quando podemos aguardar que a criança, em especial, crie os vínculos de confiança necessários para que ela mesma venha a pedir ajuda para sair da rua? E se ela não pedir? E se ela não quiser sair da rua? O desejo também é construção. Mas até onde vai o limite do educador entre não ser autoritário e impor sua forma de pensar e ver o mundo e sua intervenção como única autoridade responsabilizada por esta criança na rua, quando é apenas ele quem detecta a necessidade urgente em retirá-la de situações que estão levando a riscos de vida?

E quanto aos equipamentos e serviços disponíveis na cidade? Existem? Estarão realmente abertos a essa população malcheirosa, drogada e insubmissa?

Outra questão fundamental é saber até onde vai o papel do educador social de rua e onde deve entrar a ação do conselheiro tutelar. O papel do conselheiro tutelar como agente de garantia dos direitos vem ao encontro daquele do educador social? Quem toma as medidas de proteção e quem detecta a demanda? Quem procura o menino na rua? E quem continua o trabalho de acompanhamento do caso após os primeiros encaminhamentos institucionais?

Uma única pergunta agrega a resposta para todos esses questionamentos: Como se articulam as ações sem se sobreporem?

A iniciativa de realizar estudos dos casos em redes de serviços e programas que atuam direta ou indiretamente com esta população parece ser o que mais se aproxima de uma ação efetiva para cercear as carências de atendimento e resolver as demandas. Cada serviço fazendo a parte que lhe é dada por competência, sem esfacelar o sujeito atendido em uma parte para cada programa, com uma orientação separada e divergente. Assim não se perde de vista o todo, o sujeito integralmente atendido.

O *registro*: o papel do registro é fundamental para análise da prática e para os encaminhamentos futuros. Assim como a precisão que estes necessitam ter para anotar os horários, o clima, os dados de gênero, de faixa etária, de etnia, nome, apelido, sobrenome e todas as informações que conseguirem coletar, sejam elas verídicas ou não. Quanto mais for densa e detalhada a descrição do contexto em que ocorreu a abordagem, melhor será a análise dessa realidade e a síntese dos encaminhamentos propostos. Para que isto ocorra, é indicado que o registro seja feito imediatamente após a abordagem, para que o educador não confie apenas na sua memória e não perca a riqueza dos detalhes que podem ser fundamentais na discussão coletiva dos relatórios. Para isto, sugere-se que o educador tenha um diário de campo, em que serão registrados desde os dados objetivos, o roteiro dos trajetos percorridos, as atividades, os encaminhamentos, até as falas e o contexto das falas, assim como impressões do educador. Pode-se reservar um espaço especial para a anotação das falas literais dos(as) meninos(as) durante o trabalho e outro para as impressões (mais subjetivas) do educador. O uso de gravadores, máquinas fotográficas e filmadoras só se dará com o tempo de vinculação e com a solicitação de autorização (informal ou formal) dos "filmados".[2] Há que se ter cuida-

---

2. É interessante também que os(as) meninos(as) façam os registros fotográficos e as gravações, pois isto os(as) deixa mais à vontade e permite que conheçamos mais um pouco o que interessa ao seu olhar.

do com a veiculação de imagens e informações para não expor os sujeitos, mas é preciso conhecer melhor suas histórias de vida para remontá-las junto aos serviços que estão interessados em acolhê-las.

O papel do educador

O perfil do educador social de rua nunca está pronto. Ele pode ser um professor, um assistente social, um agente de saúde, um agente comunitário, um estudante, um agente cultural da comunidade, enfim, ele precisa ser um educador. Alguém que esteja comprometido com o objetivo de educar e, essencialmente, de transformar a realidade da injustiça e da desigualdade social.

Ele deve ter uma auto-estima e uma autoconfiança muito grandes. Deve estar determinado em seu trabalho. Sem ser autoritário e exigir que as soluções se dêem apenas como ele acredita. Mas deve estar aberto ao diálogo e saber construir alternativas de saída da rua junto com o(a) menino(a) e com as instituições responsáveis (família, Estado e sociedade). O educador é um mediador.

O educador social de rua não é um super-herói ou um santo que irá salvar o mundo da miséria. Não está na rua para recolher as crianças de lá. Mesmo assim tem uma tarefa árdua. Deve compreender as estruturas sociais que criam o "menino de rua". Deve compreender a cultura da rua, com seus rituais de entrada e de saída. Ele vive no limite das tensões sociais. Situa-se entre o menino com uma carência existencial infinita e a sociedade que lhe exige soluções dos casos "recuperados", as cifras dos investimentos e o tempo para solucionar a problemática. Tem nas costas o peso de toda uma sociedade que ao mesmo tempo que gera o fenômeno "menino de rua", exige o seu fim.

O educador é o ponto mais frágil da teia de relações que se estabelece nos serviços de atendimento. Ele é tão rotativo quanto são os meninos nos serviços e programas.

O educador corre o risco de deixar-se envolver pela cultura da rua, antes de impor a sua própria cultura aos(às) menino/a(os/as). Pois a rua dá a esperteza necessária a estas crianças para não caírem "nessa jaula de ficar bonzinho" que a cultura institucional tenta impor para "reinseri-las" socialmente, "reintegrá-las". Isto é, recolocá-los num lugar onde não ofereçam nenhum perigo à "ordem" e ao "equilíbrio" social. Ou seja, as instituições ordenadoras fazem o papel de "recuperar" para uma sociedade desigual aqueles que estão ameaçando a sua manutenção, o excesso de miseráveis que ainda não foram mortos pela fome, pela Aids ou pelos exterminadores contratados para tal limpeza social.

A auto-estima do educador

Ele é malvisto pelos traficantes e aliciadores por lhes roubar a força de trabalho e alguns pequenos clientes. É malvisto pelas famílias que necessitam de maior tempo de contribuição do trabalho infantil para a ajuda ou manutenção da renda familiar, além de, em muitos casos, roubar-lhes as funções paterna e materna. Ele é malvisto pelos transeuntes em geral por negar-lhes a invisibilidade das crianças de rua que eles desejam esquecer. O educador social de rua é aquele que vê o que ninguém quer ver ou saber. O educador social de rua é, por excelência, um demandante. Aquele que organiza as demandas das crianças e as media dentro das instituições. Por isto, ele deve ser um agente social ativo, que participa, que propõe. Senão, ele vira o "chato", o "arauto das más notícias", aquele que só vê a tristeza, que só fala da violência da rua, da dor, da miséria, que só vê a falta. Aquele que é só queixas.

O educador precisa ser propositivo. Tanto na rua com a gurizada, quanto nas instituições. Se ele não for propositivo na rua, estará apenas ocupando as crianças para que não roubem enquanto ele estiver lá (e mesmo assim elas roubam, às vezes). Se ele não for propositivo nas instituições, estará deixando de trazer o que de mais rico e peculiar tem o seu trabalho: a dinâmica da rua, a mobilidade, a flexibilidade, o improviso. Deixará que a burocracia institucional mate de fome, de frio e de abandono muitas crianças. Pois o tempo da rua é outro, é o aqui e o agora que as instituições não compreendem.

A rua é palco do teatro de rua, dos vendedores ambulantes, dos camelôs, dos acrobatas da vida. É a rua da liberdade e do exílio. Da prostituição, da exploração sexual, do roubo, do furto, da paquera, do jogo de damas na praça, do vendedor de tudo. Do correr para pegar ônibus, de tomar sol ou chuva, de passar muito calor ou muito frio. De cheirar "loló",[3] de tomar banho no lago, de transar embaixo da ponte, atrás da árvore. Espaço de viver e de morrer. E é nessa multiplicidade que o público e o privado se misturam, num movimento que redefine para educadores e moradores de rua os seus valores. É impossível atuar na rua e continuar com as mesmas certezas, com os mesmos valores. É impossível ser um educador social de rua sem se expor, sem viver a rua em todas as suas contradições.

Da criação de vínculos à autonomia

Dizer que as crianças e adolescentes que sobrevivem da rua não são autônomas é um tanto quanto reducionista. Há diferentes fatores que constituem ou não esta autonomia: gênero, idade, tempo de vivência na rua, força física, carisma, esperteza... Estas crianças e adolescentes, em geral, já são autônomos em relação a sua sobrevivência, porém vivem "bancados" por adultos ou por outros adolescentes que lhes exigem trocas de favores (sexuais, de

---

3. Termo popular empregado para designar os inalantes. Inalantes são substâncias psicoativas, voláteis, constituídas de produtos como gasolina, colas ou removedores. São auto-administradas por inalação (cheirar), aspiração de vapores a partir de pedaços de pano embebidos com solventes e colocados na boca, ou aspiração vapores de substâncias contidas em um saco colocado ao redor da boca, ou, substâncias voláteis inaladas com o objetivo de provocar euforia.

tráfico, de furto etc.), mas nenhum deles aceita, de forma consciente, ser "mandado".

Quando o educador se aproxima da criança e inicia o processo de estabelecimento de vínculos, o primeiro momento é o de desconfiança. Eles estão sempre nos testando. Querem saber até aonde vai o nosso amor, a nossa paciência histórica.

Por sua passagem em diversos programas, por ouvir muitas promessas e ver poucas soluções, já não crêem em mais ninguém. O descrédito político e institucional, sem falar no afetivo, é uma característica comum a todos que têm uma trajetória de vida na rua. Mesmo aqueles que fingem acreditar nas nossas promessas, no momento em que têm de demonstrar que acreditam, "largam fora", desistem das propostas muito facilmente.

A "etapa final" do processo educativo é a passagem deste momento de confiança e criação conjunta (menino(a) — educador — instituição) de alternativas à rua como forma de sobrevivência para o momento em que o(a) menino(a) delimita seus projetos e assume suas próprias ações de saída da situação de miserabilidade. Neste momento podemos afirmar que ele já rompeu com alguns elementos básicos da cultura da rua: a atemporalidade e, decorrente desta, a falta de projetos de vida, de auto-organização. É quando o(a) menino(a) volta a acreditar em si e a reconhecer-se como sujeito ativo da sua história e da história do mundo.

Capítulo II

OFICINAS CULTURAIS E ESPORTIVAS

Elaboração Coletiva*

A partir da prática de avaliar coletivamente cada passo proposto no enfrentamento a situação de rua vivida por crianças e adolescentes na cidade, evidenciava-se a necessidade de construir ações efetivas nas áreas da cultura e do esporte. Contrapondo a fala existente de que todos podem acessar as atividades culturais e esportivas da cidade e que não se deveria propor nada específico para a meninada de rua. Se por um lado é correto que todos tem "em tese" o direito de acessar tais possibilidades, também é correto afirmar que as crianças e adolescentes com história de vida na rua não pertencem a nenhuma categoria incluída, portanto a forma como integram as programações culturais e esportivas é a forma da intromissão, e para confirmar esta regra o próximo movimento observado é a desconstituição da atividade, porque não podem misturar meninos que usam drogas dos que não usam.

Tais observações nos levaram a pensar que as linguagens, potencializadas pelo esporte e pela arte, essencialmente, deveriam estar aproximados das possibilidades ofertadas às crianças e ado-

---

* Elaborado pela Executiva PAICA-Rua.

lescentes, para a partir da corporalidade e da criatividade acionarem mecanismos internos de envolvimento em jogos lúdicos e criações que os levariam ao investimento da auto-estima e portanto gradativamente importasse quanto ao seu projeto de vida, apontando novas potências, aprendendo novos caminhos, enfrentando aprisionamentos internos que os boicotam de tal investimento.

Estas reflexões levaram a concretizar algumas iniciativas experimentais que apontariam a formatação das oficinas propostas.

Inicialmente oportunizamos oficinas em parques da cidade e junto a uma ONG que de forma conveniada, compôs o PAICA-RUA e assim iniciou sua aproximação com a questão da rua seus desafios e possibilidades.

No processo de avaliação fomos afirmativos em manter a experiência cultural do ODOMODÊ (conveniado) e alterar as oficinas de esporte nos parques, pois, não eram propositivas nas combinações necessárias, isto é, como nos parques o tempo é o tempo da rua, o rito é o rito de rua, avaliamos que num primeiro momento era importante oferecer convites a atividades específicas propondo a ocupação de outros territórios que não aqueles diariamente ocupados pelas crianças e adolescentes, optamos em abrir turmas nos parques tenísticos, nos cursos de Skate-Vela em paralelo ao futebol em parceria com os demais serviços do PAICA-Rua, mas coordenado pela Secretaria de Esporte e não amadoramente pelos educadores dos serviços.

Cabe contar um pouco mais da experiência do Odomodê antes vinculada somente a comunidade do entorno, esta ONG situa-se na região central e atualmente participa das abordagens de rua intersecretarias do Serviço de Educação Social de Rua (SESRUA) como forma se estar próxima a população a quem o Odomodê está destinando suas atividades. Dentre as atividades que foram se estruturando, podemos destacar a *Farra de Rua*, que é a apresentação em conjunto de experiências (capoeira, dança, música e grafite) que conseguiram agrupar e a partir daí organizar as crianças e adolescentes em diferentes serviços da rede de atendimento, desde a inclusão em Programa de Acompanhamento Familiar, para aqueles que tinham relação com a rua como sobrevivência e portanto retornavam para a casa todos os dias, como para os meninos e meninas que moram na rua provocar o retorno a equipamentos de abrigagem e tratamento, como forma de manterem-se bem nos ensaios e apresentações buscando maior cuidado e organização. Querendo-se bem.

Atualmente temos um representante do esporte compondo a equipe de abordagem de rua intersecretarias (SESRUA), que a partir do contato e do vínculo estabelecido pensa na proposição de novas atividades esportivas como possibilidade de incidir no cuidado com o corpo, em querer que este corpo se fortaleça.

Finalizando, achamos importante socializar que a estratégia de ter representações da Cultura e do Esporte nas abordagens de rua se dá com o intuito de novas ações serem pensadas por dentro destas políticas que enquanto governamentais estiveram historicamente distanciadas de projetos específicos de inclusão social.

Capítulo III

ACOLHIMENTO NOTURNO

Sílvia Moura*

Em janeiro de 2001 a Administração Popular assume a 4ª Gestão, tendo como uma de suas prioridades a intervenção na exclusão social. Em março do mesmo ano, priorizamos intervir na realidade das crianças e adolescentes que continuavam morando nas ruas, o que já soma aproximadamente 150 indivíduos. Como já tínhamos uma proposta escrita juntamente com o Serviço de Educação Social de Rua, desde 1999, a aprovação e implantação de um serviço de pernoite foi meteórica, e inauguramos o equipamento em 31 de julho de 2001.

Ao refletirmos sobre o conjunto de nossas conquistas, fica claro que nosso funcionamento está cada vez mais interligado, portanto, relatar a proposta de trabalho do Serviço de Acolhimento Noturno é revisitar um pouco a história, e percorrê-la. Significa retomar nós críticos que, sem as alternativas de atendimento, acabavam se configurando em impossibilidades.

Propomos esta caminhada, um pouco de história e um pouco de sonho, construído pela gurizada e pelos educadores que, inconformados, não desistiram da luta.

---

* Coordenadora do Serviço de Acolhimento Noturno.

Porto Alegre, 1996, existia uma leitura que identificava 47 crianças ou adolescentes em situação de rua, usuários, na sua maioria, de cola de sapateiro.

Com a criação de lei proibindo a venda deste produto para crianças e adolescentes, o uso de "loló", substância líquida, tendo como base solventes, intensificou-se, tomando conta das cabeças e sonhos infantis e juvenis da cidade.

Em 1997, foram confirmados os dois primeiros casos de HIV positivo em adolescentes que freqüentavam o serviço de acolhimento em meio aberto para crianças e adolescentes em situação de rua, um programa socioeducativo mantido pela Fundação de Assistência Social e Cidadania da Prefeitura Municipal de Porto Alegre. Esse número cresceu assustadoramente nos anos subseqüentes: de 110 exames anti-HIV coletados, 50% resultaram positivos. Saímos, então a campo, em parceria com o projeto Redução de Danos, que distribui preservativos e divulga informações sobre o vírus e, para os usuários de drogas injetáveis, realiza a troca de seringas usadas por novas. Conhecemos, então, "mocós" onde se escondiam até trinta adolescentes, com colchões, TV com energia "gateada" da avenida e fogo de chão. Presenciamos o aliciamento de adolescentes, em troca de uma noite de sono "protegida" por adultos.

Toda essa realidade escancarada agitou os ânimos dos educadores sociais: saímos em busca de soluções ou tentativas de amenizar a situação vivida nas ruas, refletindo sobre a distância do encaminhamento proposto, e correto, a partir da lente da proteção integral e a possibilidade de resposta imediata por parte da criança ou adolescente atendido. Usufruir dos encaminhamentos de forma imediata ou processual. O desafio estava estabelecido.

Assim, foram criadas a Casa de Acolhimento, a Casa Harmonia, as Oficinas Culturais e Esportivas. Mas ainda havia a lacuna de atendimento noturno àqueles com significativa dificuldade de adaptação à rede de abrigagem existente, não conseguindo ainda, usufruir de uma proteção 24 horas.

Este vazio foi preenchido gradativamente com uma proposta que, inicialmente, foi muito contestada, mas que, na prática, avaliávamos que traria contribuições para a compreensão do processo de saída da rua.

O serviço de Acolhimento Noturno é um espaço de pernoite protegido para adolescentes em situação de rua oriundos da capital ou região metropolitana, de ambos os sexos. Acolhe crianças para posterior encaminhamento aos serviços que compõem o Programa e aciona a rede de abrigagem, priorizando a Casa de Acolhimento, como retaguarda aos casos de crianças em situação de rua. Após o pernoite é indicado o acesso à rede de serviços em meio aberto, própria ou conveniada; espaços propostos a partir da Saúde, Educação, Cultura, Esporte e Assistência Social.

Possibilita o acolhimento de até 100 usuários por noite, das 19 às 7horas, com higiene completa, alimentação (jantar, ceia e café da manhã), atividades lúdicas e pedagógicas, bem como um primeiro atendimento biopsicossocial, desenvolvido por uma equipe composta por enfermeiros, assistente social e educadores sociais; a característica atual do grupo de educadores é já possuírem grau de instrução superior ou em curso.

Este serviço vem como resposta a uma demanda de atendimento noturno flexível à esta população e dá suporte, então, ao trabalho diurno já desenvolvido pela rede do PAICA-Rua e, também, por equipamentos não-governamentais conveniados.

Os adolescentes têm seus "casos" desdobrados pela equipe de Educação Social de Rua, num trabalho de retaguarda recíproca. Várias famílias já acessaram o serviço, convidando seus filhos a retornarem para casa, com sucesso. A enfermaria é disputadíssima, pois, além de tratarem de suas questões básicas de saúde, a aplicação de remédio para escabiose ou piolho corresponde a um contato corporal com cheiro de carinho. Já tivemos encaminhamentos espontâneos para abrigagem e hospitalizações importantes.

Neste primeiro ano de funcionamento, a freqüência tem sido em média 50 adolescentes/noite, sendo que 50% são assíduos.

Diríamos que já se poderia contar com uma população suficiente para três casas-lares, abrigos com no máximo oito vagas, com caráter de ação continuada.

A experiência do Serviço de Acolhimento Noturno aponta que a possibilidade de pernoite era a resposta possível para o grupo que têm buscado espontaneamente o equipamento ou mesmo por aqueles encaminhados a partir da demanda do Serviço de Educação Social de Rua.

Com um pouco mais de tempo será possível apontar algumas lacunas ou implementações a serem efetivadas na rede de atendimento, especialmente a que compõe o PAICA-Rua, levando-se em consideração a freqüência quantitativa e qualitativa neste equipamento.

Quanto ao perfil da população atendida, os adolescentes caracterizam-se pela freqüência sistemática, colaboração e por usufruírem, de fato, da rede diurna de atendimento. A outra parcela é rotativa, mas que, gradativamente, passa a indicar que deseja outra relação com o equipamento. Nas primeiras noites, o índice de evasão após o banho e jantar era significativo. Instituímos o "gancho": quem saía sem dormir não acessava o acolhimento na noite seguinte; com o tempo este recurso foi rediscutido e priorizamos o fortalecimento do vínculo para apostar na sua permanência no serviço. Ao adolescente é oferecido ser levado para um abrigo ou para casa. Quando insiste em não cumprir o combinado, colocamos que a nossa proposta é incidir na constituição da noite como espaço de sono, e não de fuga do perigo, como é o risco de uma noite no centro de Porto Alegre.

Trabalhamos para que suas vontades se transformem e, pouco a pouco, as vantagens de passar mais uma noite limpos, alimentados, acarinhados e dormidos se sobreponham às violações da noite exposta.

Receávamos que passaríamos as noites intervindo em brigas, que eles ficariam acordados toda a madrugada, que o nosso trabalho seria um poço de tensões. Já na primeira noite nos espantamos com a cordialidade dos adolescentes. Claro que há conflitos, porém poucos. Ficamos perplexos com a rapidez com que cada um coloca o seu lençol na cama, enfiando-se embaixo do cobertor, e, com os olhos muito abertos, ficam a ouvir uma história lida pelos educadores; à meia-noite, todos dormem. Pela manhã, pulam da cama, higiene, café e ida para os equipamentos da rede diurna. Há os que preferem ir a pé, e provavelmente busquem o seu paninho de "loló" escondido na calçada, como um grito, demarcando que estão livres, suprindo a sua dependência química, até o dia, quem sabe, em que troquem o seu pano por uma bola de futebol ou um caderno precioso com suas primeiras palavras escritas.

Capítulo IV

ESCOLA MUNICIPAL PORTO ALEGRE

Maria Lucia de Andrade Reis
Rosilene Mazzarotto*

O desafio de escrever sobre a Escola Porto Alegre é o mesmo enfrentado pelas demais frentes de acolhimento à criança/adolescente em situação de vulnerabilidade social: a certeza de que neste processo não podemos existir sem o outro, sem a interdisciplinaridade e a intersetorialidade. Assim como os demais equipamentos e serviços, a escola não é um espaço que se desenvolva isoladamente.

Em outras palavras, falar da instituição escolar sem fazer referência ao seu papel político dentro de uma sociedade é negar o papel revolucionário que ela tem. Historicamente a escola foi tratada como um lugar onde morava o saber e a verdade, o espaço onde estavam aqueles que dominavam o conhecimento sistematizado e que a partir dela teriam a garantia de um futuro promissor.

Do que estamos falando, afinal?

---

* Educadoras da Escola Municipal de Ensino Fundamental Porto Alegre — EPA.

Que a escola tradicional compreendida como detentora do saber sempre colaborou direta ou indiretamente com as injustiças sociais, a miséria, a opressão e com a desesperança da população.

Em contraposição a esta lógica, a Administração Popular democratizou as relações no interior de cada unidade de ensino, seja com relação à gestão, ao currículo, à avaliação e a regras de convivência.

Mas para aquela população que não tem casa, nem família, nem dignidade e auto-estima, somente uma escola que assumisse o compromisso de trabalhar em rede, acolhendo interdisciplinarmente o sujeito, estaria realmente incidindo sobre esta realidade.

É nesta concepção de escola, como espaço essencialmente político de socialização de saberes, que a Escola Municipal Porto Alegre (EPA), foi construída e funciona desde 1995, passando em 1988 a compor a estrutura do PAICA-Rua, do qual foi uma das principais articuladoras.

Vinculada à Secretaria Municipal da Educação, a EPA tem o objetivo de proporcionar às crianças e adolescentes socialmente excluídos o acesso ao conhecimento elaborado historicamente pela humanidade, instrumentalizando-os para que consigam reconhecer seus direitos, assim como a necessidade de reivindicá-los, intervindo no processo de inclusão social de crianças e adolescentes com trajetória de rua. Os educadores da escola são por essência educadores sociais, em consonância com os demais atores dessa rede de atendimento.

Em outras palavras, todos estão unidos pelo mesmo objetivo, contribuindo cada um, dentro da sua especificidade, para transformar esta realidade. Estamos todos ligados pela mesma utopia, enquanto relação dialética entre denunciar o presente e anunciar o futuro, antecipando o amanhã a partir do sonho de hoje.

Para o alcance desses objetivos, a EPA precisa cumprir o seu papel de escola travessia, como espaço de acolhimento democrático, mediador do processo de construção do conhecimento, de atuação político-pedagógica, questionador das políticas sociais e de respeito à integralidade do sujeito, garantindo a ele o acesso e permanência nas demais escolas da rede pública. De forma coerente, os princípios de convivência e a forma de organização da vida escolar são avaliados constantemente para que reflitam a dinâmica da realidade.

Estes objetivos e as ações a serem desenvolvidas durante o ano letivo constam no Plano Político-Administrativo-Pedagógico e Cultural da escola, como documento-síntese de um processo construído democraticamente com a participação de todos os segmentos da comunidade escolar.

Para a sua qualificação a escola mantém parcerias, com os órgãos e entidades governamentais e não-governamentais que atuam na área da infância e adolescência, com o objetivo de discutir alternativas e buscar soluções para o enfrentamento da situação de rua.

A metodologia proposta para a EPA é coerente com as características do seu aluno, definida como trabalho de campos conceituais, chamados de *Totalidade*. Os conteúdos das diversas disciplinas são instrumentos fundamentais para esse trabalho e estarão a serviço dos conceitos que se deseja construir. Os conceitos serão aqueles que perpassam as relações do homem com a natureza e dos homens entre si. Os conteúdos e propostas devem ser referendados pela experiência de vida dos alunos, significando que a ação pedagógica deve partir das experiências vividas (Estudo da Realidade), aprofundar o trabalho (Organização do Conhecimento) e, na reflexão, possibilitar a transformação da realidade refletida por ele (Aplicação do Conhecimento): o educando é o sujeito produtor de conhecimento e construtor de hipóteses explicativas sobre a realidade que o cerca, e favorece uma análise profunda sobre o saber popular, colocando as informações vindas do senso comum em debate, criando condições para o acesso a novas informações, e auxiliando na (re)elaboração e na (re)organização desses conhecimentos.

Assim, a partir de sua construção pessoal/grupal, o aluno terá acesso e apropriar-se-á do conhecimento científico, dele se utilizando para estabelecer uma leitura mais crítica do meio social em que está inserido.

Destacamos, nessa perspectiva, que as Totalidades de Conhecimento não devem representar nem etapas estanques, nem uma seqüência linear. De tal forma que não necessariamente se precise partir de uma para chegar à outra.

Portanto, o currículo da EPA, organizado por Totalidades do Conhecimento abrangendo desde a construção (*Totalidade 1*) e o registro (*Totalidade 2*) dos códigos escritos até a construção das sistematizações desses códigos (*Totalidade 3*), representa a busca da unidade perdida, pois cada uma se encontra inserida na seguinte, construindo-se, com isso, a visão totalizante e globalizante de toda a práxis docente e das aprendizagens dos alunos.

Entretanto, quando o aluno ingressa na EPA, o Serviço de Acolhimento, Integração e Acompanhamento (serviço de apoio) realiza uma investigação cognitiva, na qual avalia os conhecimentos e conceitos construídos pelo aluno até então para, posteriormente, incluí-lo em uma das Totalidades, caso no processo de acolhimento se confirme sua história de vida na rua, o que foi investigado em conjunto com os serviços do PAICA-Rua que poderiam ter interface com a situação. No caso da situação de rua ser inicial, ou inexistente, o movimento é de imediata articulação para retorno à comunidade de origem. Para o ingresso em qualquer uma das totalidades não é necessário a apresentação do histórico escolar, bastando somente a certidão de nascimento ou carteira de identidade. Não é condição para aceitação do aluno a apresentação dos documentos, uma vez que, quando ele não os possui, a escola, através do Serviço de Acolhimento, Integração e Acompanhamento, se encarrega posteriormente de buscar os meios para regularizar essa situação.

O critério de agrupamento dos alunos não leva em consideração sexo, etnia ou credo, mas sim a prioridade no atendimento de crianças e adolescentes em situação de rua, com idade entre 7 e 18 anos incompletos e que não possuam vínculo familiar ou que possuem um vínculo familiar frágil.

Outra característica da EPA é considerar a freqüência do aluno como uma etapa a ser construída, tendo como base o comprometimento com a aprendizagem do aluno e do grupo. O retorno é garantido a qualquer momento, pois a escola não trabalha com conteúdos estanques ou hierarquizados. O aluno pode apropriar-se do momento da programação sem ter que retornar ao ponto zero, como acontece no sistema de seriação.

1. Complemento Curricular

Na perspectiva de proporcionar aos alunos a "experiência do trabalho" (educativo/produtivo), que deve ser entendida como o contato, o experimento de algumas formas realizadas sem o objetivo imediato de aquisição de renda, mas sim para o preparo psicológico, emocional e social para o enfrentamento das grandes dificuldades encontradas, resultou a implantação do *Núcleo de Trabalho Educativo* na escola. O convívio diário com estes meninos e meninas faz-nos perceber que as maiores dificuldades encontradas por esta população para se adaptar a uma vida profissional ativa não é simplesmente a falta de conhecimento ou de domínio de um ofício qualquer. A baixo auto-estima e a falta de perspectiva de uma mudança radical em suas condições sociais, a miséria absoluta, conduzem nossos alunos ao descrédito político e institucional, um dos grandes problemas encontrados na escola para as questões de aprendizagem e agora também para as questões de trabalho. Este descrédito histórico, advindo da pouca ou nenhuma perspectiva de mudança que a sociedade lhes oferece, gera os problemas crônicos de ausência, falta de continuidade e dificuldade de concentração que qualquer trabalho exige.

O Núcleo de Trabalho Educativo (NTE) consiste na apresentação por parte dos profissionais da escola de projetos educacionais que tenham como meio (método) a execução/produção de um trabalho e como fim (objetivo) a auto-organização pelo trabalho.

O Núcleo de Trabalho Educativo seleciona sistematicamente um projeto que deverá ter *caráter coletivo*, em que todos os profissionais da escola estarão participando, cada um na sua especialidade ou função; *caráter geral*, contemplando as necessidades educacionais de todos os alunos, trazidas da rua para a escola mediante suas falas e organizadas através da rede temática em sala de aula por totalidades de conhecimento, com o professor referência, e *caráter específico*, organizando os alunos por grupos de interesse, de modo que estes possam se auto-organizar para o trabalho. Estes grupos de interesse trabalharão em grupos de estudos e oficinas de trabalho educativo fora do horário de aula regular proporcionando o conhecimento e a prática de um ofício específico, desenvolvendo toda as relações possíveis com o conhecimento geral trabalhado em aula. Esta gama de conhecimento geral deverá contemplar o conhecimento popular, o conhecimento científico e as implicações sociais. Em síntese, os projetos devem procurar proporcionar aos alunos interessados a organização/participação de grupos de produção, em que eles poderão experimentar a realização do trabalho, que poderá gerar renda ou não.

O NTE da Escola Porto Alegre subdivide-se em Núcleo de Educação Ambiental (NEA) e em Núcleo de Comunicação e Cultura (NCC). Esta subdivisão se dá somente para fins estruturais de organização geral do trabalho da escola, já que todos os processos educacionais desenvolvidos na escola serão integrantes de um mesmo projeto comum. Enquanto o NEA trata das questões que abordam a criação e recriação da vida, o NCC trata das diversas linguagens e manifestações socioculturais.

O NTE é uma intervenção que compõe uma articulação intersecretarias, pensando atender as demandas do aluno na sua integralidade.

2. Processo de Avaliação

A avaliação, dentro desta proposta, vista sob a ótica construtivista-interacionista, significa analisar a totalidade do sujeito que aprende e sua relação com o objeto a ser aprendido, na perspectiva da *continuidade* e do *avanço* na construção do conhecimento.

Por isso, a avaliação perde seu caráter classificatório e passa a pertencer a todas as atividades desenvolvidas em sala de aula. Avaliação passa a ser sinônimo de interpretação, análise crítica e reflexão de todo o processo de apropriação do conhecimento. Desta maneira, facilita perceber as dificuldades, necessidades, interesses e avanços no processo de aprendizagem.

O processo de avaliação envolve o conjunto do grupo: o professor avalia o aluno, os alunos avaliam o professor e ambos se auto-avaliam e ao conjunto da escola. A concretização deste processo acontece através das mais diferentes formas, envolvendo trabalhos individuais, trabalhos em pequenos grupos, reuniões entre professores e alunos, assembléias, pré-conselhos e conselhos propriamente ditos. Assim, dessa forma, é construído um Relatório-Dossiê da aprendizagem de cada aluno.

O aluno da EPA é avaliado de forma global e permanente, avançando na Totalidade em qualquer momento do ano letivo, de acordo com o seu processo de aprendizagem, tendo como parâmetro o seu próprio desenvolvimento, que é registrado sistematicamente no Dossiê.

Cada avanço é respaldado por um conselho de classe, em que é lavrada a ata e registrado o avanço ou permanência.

As categorias de avaliação utilizadas pela EPA são: avanço, permanência e afastamento. A categoria de afastamento compreende: situação de extremo risco pessoal; medidas de proteção e socioeducativas aplicadas por autoridade competente; transferência para outra escola e retorno à comunidade.

Nos casos de afastamento a escola utiliza-se de estratégias, em parceria com a Educação Social de Rua ou com serviços que atuam com essa população, ou ainda através do Serviço de Acolhimento, Integração e Acompanhamento (SAIA), bem como de abordagens de rua realizadas pelos profissionais que atuam na EPA, no sentido de investigar o(s) motivo(s) do afastamento do aluno.

Para o aluno que ainda apresentar alguma dificuldade, é elaborado um Plano de Apoio, que leva em consideração o caminho percorrido pelo educando. Nesse sentido, o Dossiê, elaborado durante a avaliação, torna-se material importante que serve de guia para que os professores possam adequar o seu trabalho considerando as dificuldades específicas desses educandos.

O educando que necessitar de uma investigação mais aprofundada a respeito de dificuldades que não as habituais, passa por uma avaliação especializada que apontará as bases para que seja elaborado um plano de apoio, individualizado, que respeite as características especiais do educando em questão e lhe proporcione condições de superação destas dificuldades.

A avaliação é registrada no histórico escolar sob a forma de *Parecer Descritivo*, que é uma síntese do Relatório-Dossiê, o qual contém todas as informações necessárias sobre o desenvolvimento cognitivo e sócio-afetivo do aluno.

A avaliação da Escola é realizada semestralmente e todos os seus segmentos são avaliados, de acordo com critérios e objetivos definidos pelo grupo, conforme Plano Político-Administrativo-Pedagógico e Cultural.

3. Serviços de Apoio

Serviço de Acolhimento, Integração e Acompanhamento (SAIA)

O Serviço de Acolhimento, Integração e Acompanhamento tem por objetivo acolher os novos alunos e aqueles que se afastaram da escola, desenvolvendo atividades que visem à investigação dos aspectos sócio-afetivos e cognitivos, tanto no interior da escola como fora dela, integrando ações das diversas frentes que atuam na área da criança e do adolescente em situação de rua e de direitos humanos no geral. O acompanhamento judicial dos alunos que estão com medidas socioeducativas, junto aos orientadores judiciais, assim como nas audiências, bem como o contato com o Conselho Tutelar e as unidades da FASC, entre outras instâncias, além do acompanhamento dos alunos transferidos para as escolas das comunidades de origem ou outras e alunos avançados para as totalidades finais contribuem para a agilização dos encaminhamentos e proposição de soluções.

Educação Social de Rua Intersecretarias

A Escola Porto Alegre, (EPA) como instituição ligada à Secretaria Municipal de Educação, participa da Educação Social de Rua coordenada pela Fundação de Assistência Social e Cidadania, incluindo-se na composição da equipe intersetorial que integra o Programa Municipal de Atenção Integral a Crianças e Adolescentes em Situação de Rua/PAICA-Rua.

A Educação Social de Rua Intersecretarias realiza saídas sistemáticas à rua, com o propósito de elaborar um diagnóstico da situação de crianças e adolescentes em situação de vulnerabilidade social, construindo com eles a saída da rua, dando suporte na transição rua — espaço protegido. O primeiro contato estabelecido busca viabilizar a inserção destes sujeitos, se for o caso, no Serviço de Acolhimento, Integração e Acompanhamento (SAIA) da Escola Municipal Porto Alegre e/ou nos demais serviços do programa.

Serviço de Orientação Educacional (SOE)

A Escola Porto Alegre conta também com o Serviço de Orientação Educacional que tem a função de construir uma política de egressos para os adolescentes e jovens da EPA, em conjunto com o SAIA e ESR, acompanhando os adolescentes e jovens na perspectiva da construção de um projeto de vida adulto.

Quanto aos espaços de formação e qualificação, são destinados, no calendário escolar, períodos e/ou horários especialmente organizados para o planejamento e a formação contínua dos segmentos para que se atualizem diante das mudanças curriculares propostas pela escola.

Capítulo V

CASA DE ACOLHIMENTO

Elaboração Coletiva*

A proposta da Casa de Acolhimento talvez tenha sido um dos primeiros movimentos em resposta à necessidade de ações mais articuladas, em relação ao enfrentamento da situação de rua de crianças e adolescentes, em especial porque foi concebida pela própria equipe, quando ainda esta respondia pelo Serviço Sócio-Educativo em meio aberto destinado ao atendimento da meninada de rua.

Num processo, de avaliação e crítica do impacto e resolutividade iniciado em 1999, que o serviço em meio aberto vinha concentrando, como organizador do processo de saída da rua e não de sua permanência, a equipe teve a ousadia de propor seu reordenamento. Um exemplo singular de um serviço que privilegia a leitura de eficácia externa, quanto ao seu objetivo, e não se engessa num funcionamento institucional.

Existiram alguns indicadores que referendaram esta proposição, dos quais podemos elencar dois principais: a necessidade

---

* Equipe Técnica da Casa de Acolhimento.

de um espaço protegido com possibilidade de um acolhimento com critérios mais flexibilizados, visto que a cidade tinha uma rede de abrigos, em que a situação de rua não impunha um diferencial no acolhimento, tornando-se este encaminhamento muito difícil de ser incorporado pela criança e pelo adolescente. Na esteira desta avaliação, vinha com força a idéia de que deveríamos absorver na Casa de Acolhimento de forma imediata, as crianças em situação de rua para em espaço protegido buscar a construção de sua história de vida, com possibilidade inclusive de apontar um retorno à família e à comunidade de origem, invertendo a lógica da institucionalização. Outro indicador era a necessidade de construir a travessia para abrigos de ação continuada, o trabalho e o investimento no convívio de combinações, regras e limites, processar a história de cada um, incidindo na subjetividade, recriando espaços de pertencimento, diferentes da rua.

Nesse processo a rede de atendimento se ampliou, tensionando para que outros serviços fossem criados, principalmente como retaguarda na área da drogadição, resultando na abertura da Casa Harmonia em novembro de 2000. No seu primeiro ano de funcionamento a faixa etária proposta era dos 7 aos 18 anos; mas no decorrer do processo de implantação e com a existência em julho de 2001 do serviço de Acolhimento Noturno, pode-se qualificar o movimento de ingresso na rede PAICA-Rua, ficando a Casa de Acolhimento com a faixa de 7 a 12 anos e o Acolhimento Noturno de 12 a 18 anos.

A partir daqui, caracterizaremos mais objetivamente o Serviço.

A Casa de Acolhimento é um equipamento da Fundação de Assistência Social e Cidadania que tem por objetivo principal instituir um programa de abrigagem, com atendimento integral, para acolhimento imediato de crianças e adolescentes com história de vida na rua, cumprindo os princípios do Estatuto da Criança e do Adolescente.

A Casa de Acolhimento possui um caráter de abrigo breve e atende crianças e adolescentes em situação de rua como forma de garantir a estes indivíduos a oportunidade de se organizarem, alterando sua relação com a situação de rua a partir da construção de uma outra perspectiva de vida, que se estabelece através do conhecimento da sua história, da formação de vínculos, do respeito às diferenças, às individualidades e às histórias de vida em nível institucional, familiar, psicológico e social.

A proposta metodológica do trabalho está embasada em quatro eixos de intervenção, que são:

O *acolhimento* é o momento em que a criança/adolescente chega ao abrigo acompanhada por educador de serviços vinculados ao PAICA-Rua. Esse acolhimento se dá em parceria, o educador participa das primeiras combinações como processo de partilhar o contrato de ingresso, do qual faz parte uma entrevista para que haja uma aproximação entre a criança e o serviço de abrigo, conhecendo sua história inicial; é o momento de sua introdução num espaço protegido, quando lhe é explicado então o funcionamento da Casa. Prioritariamente, a entrevista é realizada por um dos técnicos. Em seguida, a criança vai conhecer o espaço, conversar com a equipe da monitoria e as auxiliares de enfermagem, para que se ambiente no espaço e possa ter seus cuidados iniciais estabelecidos, inserindo-se, se for o desejo, em alguma atividade que esteja sendo oferecida.

A *elaboração do diagnóstico* é a busca de dados com relação à criança como forma de construir o conhecimento da sua história. Para elaboração do diagnóstico fazem-se entrevistas visando conhecer a história oral, familiar e institucional da criança, assim como sua situação escolar e clínica. A história institucional e familiar é composta em conjunto com os serviços do PAICA-Rua articulando os diversos olhares e definindo novas referências. A criança também passa por uma avaliação psicológica ou psiquiátrica quando necessário, em parceria com a Casa Harmonia e o Serviço Ambulatorial Pró-Jovem. Faz-se também uma pesquisa jurídica no Juizado da Infância e Juventude e demais contatos institucionais.

O *acompanhamento* é composto por atendimentos individuais, de grupo, reuniões de dormitório, assembléias, avaliação familiar e fortalecimento dos vínculos, quando possível, no âmbito interno da Casa de Acolhimento. As atividades desenvolvidas envolvem higiene e alimentação, oficinas pedagógicas, de recreação, artísticas e culturais como recurso para superação dos períodos de abstinência do consumo de drogas psicoativas, contando com a parceria da Casa Harmonia[1] que realiza o acompanhamento dos casos. Do ponto de vista externo, o acompanhamento se dá na área escolar, de saúde e jurídica.

O *desligamento* é o momento de saída das crianças da Casa de Acolhimento, quando alcançados os objetivos do abrigo de caráter transitório. O desligamento acontece quando: (a) É resgatada a existência de vínculos familiares e a criança/adolescente retorna ao grupo familiar. Neste momento, a interface com o Programa Família, Apoio e Proteção possibilitou a inclusão da família em atendimento na rede em meio aberto e, a partir do acompanhamento, consolidou a permanência da criança/adolescente na comunidade de origem, usufruindo dos serviços adequados ao seu desenvolvimento; (b) A partir do investimento foi possível avaliar um rompimento definitivo dos vínculos familiares, daí inicia-se o processo de encaminhamento desta criança para a rede de abrigagem de ação continuada ou casas-lares.

Além destes desligamentos previsíveis da Casa de Acolhimento, existe na construção do processo de saída da rua a possibilidade de recaídas, podendo a criança, neste caso, retornar, pois saiu sem atingir os objetivos da abrigagem.

Como articulação junto aos operadores do Direito, a Casa de Acolhimento realiza interfaces com os Conselhos Tutelares, o

---

1. Casa Harmonia: serviço que compõe o Programa e que tem o objetivo de investir, principalmente na significação do sujeito com a droga, oferecendo um espaço de acolhida e proteção de caráter terapêutico, incidindo nas áreas clínica, social, pedagógica e psicológica com funcionamento 24 horas.

Ministério Público, Juizado da Infância e da Juventude, o que em muito auxilia para contextualizar a discussão sobre a realidade da situação de rua vivida por crianças e adolescentes, aproximando tais órgãos da necessidade de serem propositivos nos encaminhamentos, para que estes se traduzam eficazes na alteração desta situação e garantam a construção de sua inclusão social.

Capítulo VI
CASA HARMONIA

*Elaboração Coletiva**

Inaugurada em 27 de novembro de 2000, a partir de uma demanda do PAICAUSPA, a Casa Harmonia caracteriza-se por ser um ambiente terapêutico que visa proporcionar a mudança da relação de crianças e adolescentes em situação de rua com a droga. Uma equipe multidisciplinar desenvolve ações recreativas, lúdicas, esportivas, psicoterapêuticas (em grupo e individual) e farmacológicas. É um serviço de saúde para tratamento da dependência química e do uso abusivo de drogas por parte de crianças e adolescentes em situação de rua. Os usuários acessam ao serviço espontaneamente ou são encaminhados por instituições como a Escola Porto Alegre (EPA), Conselho Tutelar, Abrigos, Educação Social de Rua, Comunidade, Juizado da Infância e Juventude etc. A equipe profissional é composta de assistente social, enfermeiros, auxiliares de enfermagem, oficineiros de música e cultura, pediatra, psicólogo, psiquiatra e um professor de educação física.

---

* Equipe Técnica da Casa Harmonia.

A metodologia do trabalho baseia-se na prática interdisciplinar, tratando de temas transversais como a inclusão social, cidadania, redução de danos, entre outros.

1. Princípios

O uso de drogas por crianças, na sua grande maioria, é gerado pela situação social em que elas se encontram. A criança, quase sempre, encontra na droga um alento ao sofrimento gerado pela situação de rua. Já o uso de drogas na adolescência é um fenômeno mais comum em diferentes camadas sociais, o que demanda que as intervenções técnicas sejam precisas, caso contrário será diagnosticado como dependência química aquilo que é apenas uso experimental ou abusivo de drogas. Tratando-se de adolescentes com trajetória de vida na rua, o diagnóstico complexifica-se: impõe a necessidade de uma intervenção conjunta de enfrentamento da exclusão social em que se encontram e do uso abusivo ou dependente de drogas, visto que a droga mostra-se um instrumento eficaz para mascarar as dificuldades inerentes à vida na rua e um importante elemento no contexto social, cujas causas podem ser econômicas, sociais, culturais e psicológicas.[1]

Excluídos da família, da escola e da comunidade em que vivem, crianças e adolescentes tornam-se vulneráveis às agressões do meio porque não conseguiram usufruir dos mecanismos de proteção, socialização e de construção de conhecimento (no sentido amplo). Com isso, as chances de desenvolvimento para a cidadania, entendida aqui como a capacidade de interagir construtivamente com seu meio, contribuindo com aquilo que é capaz de

---

1. Como exemplo citaremos: violência familiar (física e simbólica), abuso sexual, desagregação familiar com impossibilidade de os pais cumprirem satisfatoriamente funções materna e paterna (em que se incluem doença mental dos pais, alcoolismo, drogadição, perda de referências afetivas e culturais pela imigração, desemprego etc.), doença mental na criança ou adolescente, miséria absoluta (famílias que vivem nas ruas).

dar (deveres) e protegido naquilo que não é capaz (direitos), tornam-se escassas.

Neste contexto, o trabalho da Casa Harmonia delimita sua ação no campo da saúde, numa proposta inicialmente de redução de danos, apostando no seu desdobramento em ações pedagógicas e terapêuticas quanto ao uso de substâncias psicoativas.

A Casa Harmonia funciona com alguns critérios que estão sendo construídos a partir de sua prática. Todos os dias existe a oportunidade para acolhimento, triagem, avaliação e tratamento.

Considerando que a Casa Harmonia não é um ambulatório no sentido formal, existe como retaguarda ao atendimento os leitos para internação no Hospital Psiquiátrico São Pedro e leitos de curta internação no plantão de saúde mental. Entretanto, ainda se faz necessária a criação de leitos psiquiátricos para adolescentes, pois esta demanda é lacuna na rede pública hospitalar.

A proposta da Casa Harmonia é ser um local bom para se trabalhar a substituição da droga harmonizando o mal-estar, até superá-lo. Para tanto, a riqueza de atividades deve predominar, fazendo-se necessário envolver meninos e meninas com atividades lúdicas, artísticas e recreativas orientadas pedagogicamente.

Pode-se definir a Casa Harmonia como um espaço protetivo onde todos os dias crianças e adolescentes tem a possibilidade de ser atendidas interdisciplinarmente. Neste atendimento a equipe procura investigar os motivos que levam crianças e adolescentes a buscar a rua como espaço de convivência e não os espaços protegidos. Partindo desse entendimento e do estabelecimento da transferência ou vínculo, deve-se fomentar sua participação na modificação do seu destino, compreendendo que em determinadas situações a droga passa a ser parte do tratamento como algo que os torna mais vulneráveis. A abordagem do uso de substâncias psicoativas entra na análise geral dos mecanismos de defesa que estas crianças e adolescentes constituíram para não se depararem com as questões de suas histórias de vida. Em casos de dependência constatada, as formas de tratamento são aquelas até o momento desenvolvidas: desintoxicação com cobertura indicada em nível ambulatorial para os moradores da Casa de Acolhimento. Para os que fazem da rua seu espaço de moradia, a internação deve estar associada ao desejo. Já para aqueles que encontram-se com risco de vida, suicídio e crise psicótica, a internação é imprescindível e independe do desejo. Além disso, outras patologias podem ser diagnosticadas: epilepsias, depressão, transtorno de conduta oposicionista, entre outras. A droga, nesses casos, pode funcionar como automedicação e será oportunizado tratamento, inclusive com indicações psicoterápicas e psiquiátricas necessárias.

Existem indicações claras de quando se faz necessária a hospitalização: no caso de internações de urgência, elas se restringem às situações de

> "síndrome de abstinência, superdosagem (intoxicações), alguns quadros psiquiátricos associados à toxicomania (por exemplo psicoses, tentativas de suicídio). Não obstante, é habitual depararmo-nos com o caráter de urgência na quase totalidade dos pedidos de hospitalização feitos por um toxicômano. Entretanto, esta urgência é apenas um aspecto subjetivo do pedido, denotando muito mais a incapacidade do toxicômano em se ver com a falha do seu projeto toxicomaníaco do que qualquer situação que caracterize uma real urgência clínica. Portanto, a indicação de hospitalização em caráter de urgência significa uma contra-atuação e não uma atitude terapêutica de fato" (Silveira Filho, 1986: 12).

Em caso de internações para tratamento da toxicomania em caráter não urgente, é fundamental que o sujeito possa ter reconhecimento de sua relação com o produto, de sua dependência e do sofrimento advindo com a relação.

Ainda sobre esse tema, podemos acompanhar o pensamento de Bucher, que propõe implantar

> "programas educacionais e de lazer (...) sob forma de centros-de-dia, em ambiente seguro e livre, favorecendo a expressão aberta da problemática vivida pelas crianças e adolescentes e oferecendo

atividades lúdicas, de aprendizagem técnica e cultural (...) com vistas a aquisição e ao resgate da auto-estima, da cidadania e da capacidade de aquisição de conhecimentos, permitindo melhor integração social" (Bucher, 1992: 85).

O autor coloca ainda a necessidade de manter relação entre esses "centros do dia" e os "centros da noite", como locais que assumem sua assistência alimentar e higiênica, num caráter, se possível, provisório, considerando que

> "A experiência mostra que freqüentar um centro de acolhimento durante o dia, muda não somente o cotidiano dos meninos de rua, mas também as relações entre eles: o fato de pertencer a um grupo que tem o "seu" centro como referência, proporciona um sentimento de controle de um território próprio, espaço protegido onde não é mais a violência da rua que domina, mas as regras e normas ditadas pelas autoridades do centro aceitas pelo grupo, sem que haja a necessidade de imposições autoritárias ou repressivas. Desde então, as relações utilitaristas e oportunistas entre os jovens podem se transformar, aos poucos, em relações de solidariedade onde novas formas de aprendizagem sócio-cultural se tornam possíveis." (Bucher, 1992: 85-6)

Da mesma forma, acreditamos que o trabalho em rede fortalece a ação intersetorial, considerando a integralidade do sujeito, em contraposição ao modelo de trabalho desenvolvido em instituições totais. Muitas vezes crianças e adolescentes em situação de rua circulam entre instituições e é este uso que une os diferentes discursos, estratégias de atendimento, educadores e instituições. Ou seja, circular entre os diferentes serviços não implica uma continuidade.

> "As instituições de assistência a crianças e jovens marginalizados, trabalham sempre no limiar entre a exclusão e a inclusão. Criar instituições específicas para a população em situação de rua, frisando os requisitos para ser alvo, como 'de rua', 'carente', 'sem família', 'drogado', podem ao contrário do que se pretende, estig-

matizar mais. Não ser 'completa' significa que as demandas de escola, saúde, profissionalização por exemplo, podem ser atendidas pelos equipamentos 'não específicos' para essa população, ou seja, pelas instituições sociais destinadas a atender a população em geral, malgrado as suas deficiências." (Bedoiam in Lescher, 1998: 45)

"Na medida em que as instituições interferem no percurso da rua de uma criança ou jovem, introduz-se para eles novas alternativas de circulação, relações, vínculos. Este circuito alternativo à rua faz emergir novas demandas. Inicialmente este espaço pode ser entendido como local para pernoite, mas aos poucos a demanda passa das necessidades cotidianas para os desejos (...)." Bedoiam in Lescher: 1998, 46)

"Encaminhar para centros de convivência pode gerar uma interferência nos diversos padrões de uso de substâncias, muitas vezes circunstancial às condições e perspectivas de vida destes sujeitos atendidos, ilustrando que o circuito institucional em si mesmo tem um potencial para a prevenção a ser aproveitado, muitas vezes ignorado pelas próprias instituições." (Bedoiam in Lescher, 1998: 46)

A Casa Harmonia é um espaço de atendimento terapêutico destinado a crianças e adolescentes com idade até 17 anos (inclusive) que encontram-se em situação de rua ou que têm na rua um espaço privilegiado de permanência, e que sejam usuários de substâncias psicoativas, objetivando interferir na sua relação com a droga através de atividades lúdicas, esportivas, pedagógicas, psicoterapêuticas (grupal e individual) e de cuidados gerais com a saúde.

2. Passos da intervenção

Diariamente um profissional da Casa Harmonia fica responsável por realizar a acolhida de crianças e adolescentes que se apresentam ou são encaminhados para esse equipamento.

Logo após a recepção, a criança/adolescente são encaminhados para o "grupo de acolhimento", onde participarão de atividades programadas sob orientação de dois profissionais (coordenador e cooperador). Nestas atividades buscar-se-ão criar vínculos e iniciar um processo de conhecimento e de autoconhecimento da criança/ adolescente que permita ir situando-os nas relações que dizem respeito a sua história (escola, aprendizagens, comunidade, grupos de pertencimento, família, droga, etc.). Quando não é possível o trabalho em grupo, a criança/adolescente são encaminhados para um contato individual com os mesmos objetivos previstos neste item.

Após um período de permanência nos grupos de acolhimento e da criação de um vínculo, crianças e adolescentes são encaminhados para outras atividades em grupo ou individuais, tais como oficinas específicas, hora do conto, vídeo, avaliação psicológica, avaliação psiquiátrica e/ou avaliação clínica.

Durante esse processo, avalia-se a forma como se dá o consumo de substâncias psicoativas: droga usada, quantidade, freqüência, ocasiões de uso, efeitos esperados, influência do uso em suas vidas e a centralidade do uso de drogas na vida do indivíduo. Ou seja, em que medida sua vida se organiza para o consumo de drogas e para outras atividades.

A partir da construção da história pessoal e institucional de cada criança ou adolescente, busca-se apontar questões importantes como abandono, falta de laços agregadores (família, escola), uso de drogas, provocando a análise sobre a causa destas situações, bem como a forma de enfrentá-las.

A possibilidade de contato com a família, escola e demais espaços onde esta criança ou adolescente tenham tido alguma vinculação é de grande importância para a construção do seu retorno ao local de origem. Se a volta não for concretizada, busca-se a abrigagem. Na impossibilidade de abrigagem e, portanto, da ausência de vínculo, atua-se na redução de danos.

Desde o momento da acolhida inicial até o retorno ao local de origem ou redução de danos, desenvolve-se um trabalho articulado entre os serviços que compõem o Programa em parceria com outras entidades não-governamentais, na perspectiva de que o uso da droga é intrínseco à situação de rua.

Capítulo VII
AMBULATÓRIO PRÓ-JOVEM

*Elaboração Coletiva**

O Ambulatório Pró-Jovem surgiu em 1989 como um atendimento de Saúde Integral para adolescentes de 10 a 20 anos de idade — conforme nos remete a Organização Mundial de Saúde (OMS) — na Santa Casa de Misericórdia de Porto Alegre. Este atendimento realizado pelo SUS, era um programa em convênio com a Secretaria Estadual da Saúde e a Fundação Maurício Sirotski Sobrinho e atendia a população proveniente da Grande Porto Alegre e algumas cidades do interior, próximas à região metropolitana.

A partir de 1996, com a extinção desse programa na Santa Casa, foi realizado um movimento junto ao Conselho Municipal dos Direitos da Criança e do Adolescente (CMDCA), Conselhos Tutelares (CTs) e Conselho Municipal de Saúde (CMS) para que a Secretaria Municipal de Saúde (SMS) de Porto Alegre viesse a absorver este Ambulatório em sua rede de saúde, o que ocorreu em janeiro de 1997. Atualmente o Ambulatório possui uma equipe composta por profissionais de Psicologia, Serviço Social, Terapia Ocupacional, Psicopedagogia, Pediatria, Psiquiatria e Enfermagem e Terapia de Família, atendendo adolescentes de Porto Alegre.

---

* Equipe Técnica do Ambulatório Pró-Jovem.

A partir de sua integração na Rede de Saúde de Porto Alegre, o Ambulatório passou por modificações, mas preservou o que tem sido a sua marca desde a situação de maus-tratos, principalmente no que se refere a abuso sexual — tornando-se um serviço de referência na saúde pública desse município. Após a implantação do Programa Municipal de Atenção Integral a Crianças e Adolescentes Usuários de Substâncias Psicoativas (PAICAUSPA) em 1998, a equipe passou a priorizar o atendimento a adolescentes vítimas de maus-tratos em situação de risco na rua.

Iniciaram-se discussões junto com a Escola Porto Alegre, a Fundação de Assistência Social e Cidadania e a Secretaria do Governo Municipal, construindo uma referência para adolescentes em situações de grave vulnerabilidade (social, física e psicológica), direcionando um pensar teórico-técnico que cotidianamente considera a relação com a droga, com a rua, com o ato infracional, com a violência doméstica e urbana etc. Pautados pelas diretrizes de direitos e deveres do Estatuto da Criança e do Adolescente, trabalhamos com os jovens adolescentes numa proposta de redução de danos, entendendo esta como forma de promover e de resgatar seus direitos como cidadãos com desejos de realizar diferentes projetos de vida, considerando que nossa população está inserida numa sociedade que se pauta, historicamente, pelo paradigma da exclusão, em toda sua trajetória social.

Quando o Ambulatório Pró-Jovem se inseriu, em 1997, na Rede de Saúde do Município, necessitou construir uma referência frente a que serviços encaminhariam adolescentes. Esta discussão foi necessária para poder construir um fluxo de serviços, delimitar a abrangência e a especificidade do atendimento e considerar os Serviços de Saúde Mental já estruturados na cidade. As seguintes instituições que possuem um acolhimento imediato no Ambulatório são:

— Conselho Tutelar: 8 microrregiões

— Unidades Sanitárias — Distrito 1 e 8

— Programa Municipal de Atenção Integral a Crianças e Adolescentes em Situação de Rua/PAICA-Rua

— NASF/FASC: Núcleos de Apoio Sócio-Familiar

— EPA: Escola Porto Alegre
— ESR: Educação Social de Rua
— Abrigos: FASC (proteção)/FEBEM (proteção e internação)
— Casa de Passagem — FASC
— Ministério Público
— Juizado da Infância e Juventude
— Departamento Estadual da Criança e Adolescente (DECA)

As relações com estes serviços pressupõem e nos têm pautado uma exigência de atuação em Rede, pois entendemos que nenhum serviço pode ser pensado como tendo um fim em si mesmo, como se vislumbra na incompletude de alguns outros programas, serviços e políticas. Estar em Rede é estratégico, é parceria, interface, é interpretação e negociação e tantos quantos sinônimos possamos dar para um adequado trabalho com Infância e Juventude; além de ser um compromisso ético, técnico e político com o Estatuto da Criança e do Adolescente.

Nesta relação o Ambulatório se insere em vários fóruns de discussão técnica e política existentes na cidade, sejam no âmbito das ações intersecretarias da Prefeitura (Educação Social de Rua, Equipe Técnico Diretiva do PAICA-Rua, etc.) como nos de representação e discussão de políticas de atenção (Conselho Local de Saúde, Fórum contra a Exploração Sexual de Crianças e Adolescentes da Assembléia Legislativa, Sociedade de Pediatria do RS, etc.)

A adolescência

A abordagem terapêutica a adolescentes entre 10 e 20 anos, em situações conflitivas, relacionadas a maus-tratos nos níveis físico, sexual e psicológico, nos remete a questões importantes relacionadas à adolescência.

Sendo a adolescência um momento de separação, de ruptura, de renúncia da segurança da infância e de seu entorno protetor e também de ambivalência entre o desejo de continuar dependente e o de tornar-se independente, temos aí um agravante para o jovem que desde a infância ou na sua atualidade sofre ou sofreu maus-tratos. Havendo um abalo de tal segurança, tem-se um terreno propício à instauração subjetiva de sofrimento e conflito.

Muitos jovens podem então vir a manifestar seu mal-estar, que é particular, "na linguagem de uma época na qual o dinheiro e o êxito social são os valores predominantes" (Cordié, 1994), e em que o uso de drogas, a banalização da violência, o fracasso social, dentre outros, são utilizados como mecanismos de manutenção destes valores.

Assim, as manifestações de mal-estar destes jovens acabam, por vezes, expressando-se através de tais mecanismos, traduzindo-se em uso de drogas, problemas de conduta, fracasso escolar, colocando-os em situação de risco e agravamento de sua vulnerabilidade social.

Estes movimentos de renúncia e rupturas (da segurança, do passado, dos valores, de identificações), enquanto movimentos de transição para a vida adulta, relacionam-se intimamente com a necessidade de afirmação de uma identidade própria e, conseqüentemente, de sua escolha sexual.

Não obstante, os conflitos próprios da adolescência e do sujeito em questão são potencializados num meio intra e/ou extrafamiliar hostil, podendo cristalizar-se caso a resolução destes não seja bem equacionada subjetivamente, permitindo ao adolescente encontrar saídas e respostas saudáveis aos problemas e desafios objetivos e subjetivos que se apresentarem, favorecendo, assim, o seu desenvolvimento integral e articulado com projetos de vida saudáveis.

A redução de danos

"A redução de danos é, essencialmente e sobretudo, um movimento que visa capacitar o paciente e os clientes de serviços de saúde. Procura minimizar o diferencial de poder entre aqueles que administram e prestam serviços e aqueles que são contemplados por eles, para dar voz nas decisões de como, onde e de que maneira as pessoas serão tratadas." (Abrams e Lewis, 1999)

Ao minimizar o diferencial de poder — pressuposto da redução de danos — ganhamos com vínculo, com um acolhimento que não exige do adolescente uma postura imediata, um agir que cause apenas mais ansiedade e, sim com tranqüilidade poder avaliar qual é o desejo considerando que "quando se apela ao desejo, e portanto à palavra e à linguagem, para desfazer o nó que o estrangula, é certamente porque se supõe que, de uma maneira ou outra, ele mesmo já começou a puxar os cordões" (Petit, Patrick). Ao compreender o desejo podemos estabelecer um processo terapêutico que não anule a participação do paciente e sim, que o torne responsável conjuntamente, prática esta muito ausente dos serviços de saúde pública.

Segundo Marlatt são princípios básicos da Redução de Danos:

- É uma alternativa de saúde pública para os modelos moral/criminal e de doença do uso e da dependência de drogas: não considera o usuário como criminoso, enfatizando a necessidade de uma ampla variedade de procedimentos para compreender e reduzir o comportamento aditivo.
- A redução de danos reconhece a abstinência como resultado ideal, mas aceita alternativas que reduzam os danos: foge do tratamento e encarceramento como única solução, não enfocando os aspectos de recaída.
- A redução de danos surgiu principalmente como uma abordagem de "baixo para cima" baseada na defesa do dependente: busca-se construir com ele seu desejo, procurando evitar os estigmas e preconceitos a que são vitimizados.
- A redução de danos promove acesso a serviços de baixa exigência como uma alternativa para abordagens tradicionais de alta exigência: privilegia o contato com o paciente, encontrá-lo onde ele estiver e não onde deveria estar. Buscar a rua, ter um acolhimento diferenciado, permitir o acesso livre são condições primordiais a usuários e pacientes de alto risco.

- A redução de danos baseia-se nos princípios do pragmatismo *versus* idealismo moralista: não prega uma sociedade livre das drogas, mas sim o que pode ser feito para reduzir o dano e o sofrimento tanto para o indivíduo quanto para a sociedade.

Ao envolver a redução de danos em nosso eixo norteador de trabalho, consideramos os comportamentos de risco, as estratégias de atendimento e prevenção para adolescentes que são usuários de drogas, vítimas de violência, portadores de sofrimento psíquico, autores de ato infracional, ou seja, dimensionar estes conceitos de redução em todas as práticas de atendimento do Ambulatório.

O cotidiano de nossos adolescentes é marcado por lugares que se conduzem pela alienação, onde nenhum desvio é permitido e o que ocorre é rechaçado. Desalienar o uso de drogas reconhece a "toxicomania como alguma coisa que pertence ao indivíduo e sobretudo ao sujeito" (Parada, Carlos) e com ele deve ser considerada. Não desconsidera a necessidade de proteção a crianças e adolescentes, nem a responsabilidade técnica perante o usuário, mas como um manejo que viabiliza uma grande possibilidade de vínculo e a conseqüente inserção de outras abordagens que visem também à proteção e à contenção.

Violência – doméstica e urbana

"Os episódios desta violência cotidiana, banal e ordinária não têm a inspiração (...) dos serial killers (...) nem mesmo os ideais, a determinação ou causas por que lutar. São atos que, no modo bruto como se expressam, com precaríssimas mediações institucionais, revelam não só o isolamento dos setores sociais nele envolvidos, como também a impotência da sociedade de resolver seus conflitos." (Rondelli, 2000)

Ao trabalharmos com a juventude — porto-alegrense — nos deparamos com a pobreza da cidade e, principalmente, com a dinâmica dos diferentes funcionamentos urbanos desta, que se expressam pelo seus processos de exclusão (família, escola, proteção especial) e territorialização (as gangues do Menino Deus, da Bom Jesus, da Restinga, as leis do tráfico de drogas e suas organizações). Demonstra o limite entre a proteção e a ilegalidade visualizando os lugares que a adolescência — sufocada pela ausência de espaços de cuidado e reconhecimento — retira alternativas de vida e trabalho, além de "respeitabilidade e uma neutralização dos estigmas da pobreza e da discriminação." (Neto e Quiroga, 2000).

Este sentir-se reconhecido dentro de atos que se pautam pela ilegalidade revela a ilusão de que nossa sociedade poderá garantir seus direitos de educação, saúde, segurança, cidadania e justiça. Mostra que as alternativas até então oferecidas não competem com o modelo de juventude expressado pelo paradigma de consumo e individualidade.

> "A violência e suas imagens tornam-se fontes de significações culturais, pretexto para sustentar visões de mundo e práticas sociais, traduzindo a força da produção de sentidos, a vitalidade dos discursos que, ao induzirem tais práticas, ganham materialidade. Assim, engendram ações, aliciam e/ou constroem sujeitos, implementam e legitimam, políticas." (Rondelli, 2000)

Este processo nos permite reconhecer as dificuldades de aceitação de si e do outro, das diferentes formas de construir as percepções e os limites do corpo e, principalmente construir suas relações com seus pares (companheiros, pais, filhos, irmãos, amigos), fragilizadas também em trajetórias de violência doméstica.

Entendemos por violência doméstica que

> "todo o ato ou omissão praticado por pais, parentes ou responsáveis contra crianças e adolescentes que — sendo capaz de causar dano físico, sexual e/ou psicológico à vítima — implica, de um lado, numa transgressão do poder/dever de proteção do adulto e, de outro, numa coisificação da infância, isto é, numa negação do direito que crianças e adolescentes têm de ser tratados como sujei-

tos e pessoas em condição peculiar de desenvolvimento" (Azevedo e Guerra, 2000:32).

Principalmente compreendemos que a violência doméstica se produz dentro de um contexto transgeracional no universo familiar e possui um viés histórico, que prioriza um olhar crítico, teórico sobre o processo evolutivo da infância e juventude na sociedade.

Modalidades de atendimento

O Ambulatório Pró-Jovem faz um constante exercício de discutir e repensar suas estratégias de atendimento, de manejo e de posicionamento com a população e com os serviços para os quais é referência. Como pressuposto, esta equipe desenvolve em sua atuação a disponibilidade para refletir de modo permanente e de forma crítica o seu fazer buscando desta forma, uma postura interdisciplinar.

Somada a este pressuposto faz-se necessária uma contínua adequação à demanda que exige dos profissionais flexibilidade, ressaltando que este processo perpassa a recepção, o acolhimento, os atendimentos terapêuticos e a relação com a Rede.

1. Recepção

A Recepção no Pró-Jovem é composta por dois profissionais da área da Enfermagem (auxiliares) e um profissional do setor administrativo. Sua principal característica, no que se refere aos adolescentes que chegam ao serviço ansiosos, retraídos e fragilizados, é acolhê-los com sensibilidade, disponibilidade e manejo adequado.

Realizam o atendimento preventivo de saúde para adolescentes e familiares com orientação sobre métodos contraceptivos, promoção da saúde do corpo, auto-estima e encaminhamentos especiais para laboratórios, radiologia e ecografias. Contemplam também aspectos burocráticos, como abertura de prontuários, agendamentos, ligações telefônicas etc.

2. Atendimento de Psicoterapia Individual

Os encaminhamentos para atendimento individual são feitos a partir do grupo de acolhimento e/ou acolhimento individual. São indicados a esta modalidade os adolescentes em situação de maus-tratos (abuso sexual) e/ou outros conflitos que necessitem de acompanhamento individualizado.

As consultas são agendadas semanalmente e, em casos excepcionais podem ocorrer com maior freqüência ou quinzenalmente. A modalidade de terapia breve é o referencial de trabalho utilizado. No entanto, devido à gravidade de muitos casos atendidos no Ambulatório, não se estipula previamente um indicativo de duração de atendimento.

É bastante comum que adolescentes em atendimento individual freqüentem também outra modalidade de atendimento — psicopedagógico, grupo, atendimento psiquiátrico, clínico — podendo ter alta do atendimento individual e permanecer vinculados ao Ambulatório através destas modalidades. Mesmo quando o adolescente está apenas em acompanhamento individualizado, promove-se a inclusão do mesmo no serviço como um todo, ocorrendo intervenções de outros profissionais.

Alguns grupos são formados com pacientes em terapia individual a partir da avaliação do terapeuta de que haveria um benefício na troca entre os adolescentes, como o grupo de meninas vítima de abuso sexual e grupo de adolescentes com vivência de rua.

No atendimento de psicoterapia individual, principalmente com adolescentes vítimas de abuso sexual e usuários de substâncias psicoativas — SPA, procuramos trabalhar com uma abordagem de redução de danos. Visando às potencialidades e ao fortalecimento frente à violência sofrida e às possibilidades de uso, trabalha-se para que se evitem/enfrentem novas situações de risco indicando a busca ao serviço, ao Conselho Tutelar ou demais pessoas de referência do adolescente.

3. Metodologia dos grupos com adolescentes

Os grupos realizados com os adolescentes no Ambulatório Pró-Jovem são inicialmente divididos por faixa etária: de 10 a 12 anos, de 12 a 14 anos incompletos e de 14 a 20 incompletos. Os grupos funcionam de forma aberta, de modo que as vagas vão sendo preenchidas até o limite de doze participantes. Em média os grupos tem de seis a oito participantes.

Os grupos são heterogêneos no que se refere ao sexo (meninas e meninos), ao motivo do encaminhamento (por exemplo, dificuldades escolares, conflitos familiares, maus-tratos, abuso sexual, uso de SPA, história de rua etc.) e aos tipos de estrutura psíquica (excetuando-se psicóticos, que são atendidos individualmente).

3.1 Grupos Terapêuticos

Ocorrem uma vez por semana, com duração de uma hora, mantendo o *setting* (mesmo horário, sala, materiais), sendo coordenados por um psicólogo ou assistente social. Nestes grupos a orientação é analítica, propiciando um espaço continente acolhedor das demandas, desejos, temores, fantasmas, projeções, emoções, ou seja, da vida psíquica dos adolescentes. Paralelamente, trabalha-se os limites, que são fundamentais para a estruturação do sujeito, sua identidade e a construção de seu projeto de vida. Cabe ressaltar que, de acordo com a demanda do serviço, é realizado um grupo terapêutico com enfoque na situação de vítimas de abuso sexual, sendo este grupo homogêneo quanto ao motivo de encaminhamento.

O grupo de adolescentes vítimas de abuso sexual tem como objetivo trabalhar as angústias em relação ao processo de vitimização — troca de vivências, sentimentos decorrentes do abuso. O grupo como processo terapêutico permite a mudança de atitudes, em que o adolescente poderá buscar significados diferentes, usando o encontro como uma possibilidade de novas experiências (possibilita evitar a repetição de situações de risco, de abuso, compreender o papel dos protetores e das relações de gênero e poder).

3.2 Grupos de Pais

Ocorrem uma vez por semana, com duração de uma hora, mantendo o *setting*, sendo coordenado por um psicólogo. É um grupo aberto aos responsáveis pelos adolescentes que são atendidos no ambulatório, propiciando um espaço onde possam expressar suas dificuldades, ansiedades, conflitos e expectativas com relação aos seus filhos e serem escutados, além de trocarem experiências entre si.

3.3 Grupos de Acolhimento

Durante um período de aproximadamente quatro meses discutimos em equipe as possibilidades de acolhimentos coletivos, em grupo, já que até então eram realizados individualmente, pelo profissional do Serviço Social e, eventualmente, por profissionais da Psicologia.

O processo de assessoria, com a equipe do Ambulatório de Adições da Escola Paulista de Medicina/Projeto Quixote, intensificou nosso desejo e possibilitou, através de discussões teórico-práticas, a efetivação deste projeto.

Dentro da metodologia proposta, avaliamos pontos de convergência para a criação dos grupos de acolhimento como: faixa etária, horários oferecidos, origem e motivo dos encaminhamentos.

Ofertamos inicialmente, durante os meses de maio e junho de 2000, dois grupos de acolhimento, para faixas etárias de 10 a 13 anos e 14 a 20 anos incompletos.

Durante o mês de julho de 2000, não houve acolhimento em grupo, o que nos possibilitou avaliarmos o andamento dos grupos e propormos mudanças. A partir de agosto de 2000, estabelecemos três horários de grupos de acolhimento. A oferta de mais um horário semanal surgiu da larga procura de atendimentos para a faixa etária de 14 a 20 anos incompletos.

O agendamento para os grupos de acolhimento respeita os fluxos estabelecidos entre o Ambulatório Pró-Jovem e os demais serviços da cidade/Rede de Proteção Especial para Crianças e Adolescentes.

Desta forma, oferecemos, durante os meses de agosto a dezembro de 2000, três grupos de acolhimento semanais: para a faixa etária de 10 a 13 anos às 12 horas, de quartas-feiras, e para a faixa etária de 14 a 20 anos, às segundas e quintas-feiras, respectivamente 15h30 e 11horas.

O contrato com os adolescentes em acolhimento coletivo é de quatro encontros/mês, sempre com o mesmo profissional, no mesmo dia da semana, no mesmo horário e na mesma sala multiuso do Ambulatório Pró-Jovem, que recebe os atendimentos de terapia ocupacional, os atendimentos grupais e as reuniões de equipe.

O objetivo do Grupo de Acolhimento é proporcionar uma aproximação e conhecimento entre o adolescente e o serviço. Não possui, inicialmente, um caráter terapêutico, embora, muitas vezes, algumas questões individuais sejam contempladas durante os encontros.

O acolhimento em grupo permite uma aproximada percepção do adolescente, pois contribui para que ele, na relação com os pares, possa sentir-se em uma posição de igualdade, com conflitos, sofrimentos, desejos e atos compartilhados entre eles e com o terapeuta/coordenador do grupo.

Consideramos importante, para a modalidade de Grupos de Acolhimento, trabalharmos com mais de um profissional nos grupos. Para isso construímos parcerias entre a terapeuta ocupacional e a assistente social como co-terapia em um dos grupos, e entre a terapeuta ocupacional e as auxiliares de enfermagem (duas profissionais) em outros dois grupos.

4. A Psicopedagogia no Ambulatório Pró-Jovem

A Psicopedagogia faz parte do atendimento integral destinado ao adolescente neste ambulatório.

A intervenção psicopedagógica tem como proposta uma abordagem clínica a partir do diagnóstico que visa a uma investigação das dificuldades relativa às situações de aprendizagem escolar envolvendo as questões de relacionamento, adaptação e desempenho. Esta abordagem procura elucidar as potencialidades de produção e criação do adolescente, possibilitando a realização de um plano de ação que vise à motivação para construção do conhecimento e sua aplicação. O diagnóstico é realizado no processo terapêutico, que possibilita uma visão efetiva da situação real da capacidade de aprendizagem do adolescente que chega ao ambulatório, considerando suas peculiaridades.

Há a preocupação em fazer com que o adolescente encontre o prazer nas experiências de aprendizagem, tornando-as estruturalizantes, assim promovendo o desenvolvimento de suas potencialidades/capacidades tendo em vista lidar melhor com as situações do seu cotidiano, repercutindo também na aprendizagem escolar.

Para cada caso é necessário a construção de um processo terapêutico de acordo com as áreas de dificuldades evidenciadas, visto que objetiva permitir ao adolescente reconstruir sua trajetória, retomando a sua própria evolução, muitas vezes, interrompida ou obstacularizada.

O atendimento é um processo dinâmico em que as técnicas e estratégias são adequadas em função dos interesses, necessidades e possibilidades do adolescente, tendo presente os aspectos psicodinâmicos como a identificação, motivação, internalização, socialização, reflexão, determinantes do processo de aprendizagem e desenvolvimento integral.

Há interface do trabalho da Psicopedagogia com o da Oficina de Informática, em que obtém-se o reforço de alguns objetivos estabelecidos, como também a possibilidade de troca e socialização.

4.1 Oficina de Informática

Com esta oficina tem-se o objetivo de propiciar um espaço alternativo de lazer e criação. Através do conjunto de atividades propostas em que o adolescente tem a possibilidade de escolha, considerando necessidades, interesses e possibilidades, além de passar por momentos agradáveis, prazerosos, tem a oportunidade de desenvolver habilidades como atenção, concentração, reflexão, persistência, disciplina, estratégia, como também a aquisição de conhecimentos gerais e específicos, contribuindo para o melhor desempenho na aprendizagem.

A aquisição dessas habilidades favorece basicamente a auto-estima, a socialização, resultando na melhora do relacionamento no seu grupo de convívio diário, visando à melhor qualidade de vida dentro dos limites de capacidade de autogestão, considerando as peculiaridades da população atendida.

Para a realização das atividades são utilizados programas com uma significativa variedade de jogos educativos e aplicativos em geral.

A oficina de informática é desenvolvida em dois momentos básicos. No primeiro momento, além de propiciar a integração do grupo e familiarização com o microcomputador, são realizadas atividades como jogos em geral nos diferentes níveis, confecção de cartões (visita, postais, ocasião, eventos, congratulações etc.), calendários, adesivos e bótons, montagem de histórias em quadrinhos (nível básico), pôsteres, *banners* etc.

No segundo momento o adolescente pode optar por uma atividade mais específica e avançar na sua realização como a montagem de histórias em quadrinhos em nível mais avançado, realizar diferentes criações utilizando melhor os programas, citando como exemplo "Print Artist", "Fine Artist", "Paint", "Power Point", ou ainda optar pela digitação e um editor de texto.

5. Terapia de Família

Favorecer as interações familiares é fundamental no desenvolvimento individual e familiar. Tendo em vista que o atendimento ao indivíduo de forma isolada em muitas oportunidades torna-se limitado, assim como episódios de perturbações ficam mais compreensivos quando analisados em conexão com aspectos mais amplos. A família como um sistema é parte integrante e detém uma marcante relevância dentro deste processo.

Desta forma, frente à demanda da clientela atendida pelo Programa Pró-Jovem que apresenta problemáticas variadas, tais como drogadição, conflitos intergeracionais, conflitos conjugais, maus-tratos, adoção etc., configura uma clientela que se beneficiará com a ampliação do atendimento familiar, junto ao que vem sendo desenvolvido pelos profissionais desta Instituição.

A Terapia Familiar no Pró-Jovem é desenvolvida em convênio como Centro de Estudos da Família e do Indivíduo (CEFI). Os alunos dos Cursos Regular de Formação em Terapia Familiar e Especialização em Terapia Familiar na Dependência Química do CEFI dispõem deste campo de estágio por seis meses. Os atendimentos são realizados normalmente em co-terapia, com a duração aproximada de uma hora e freqüência quinzenal, exceto se houver urgência de atendimento semanal e disponibilidade de horário para atendimento. Em média, cada terapeuta ou sua dupla atendem oito famílias mensalmente.

As estagiárias realizam a supervisão deste trabalho em grupo no CEFI e participam das reuniões de equipe do Pró-Jovem, para a discussão de casos e troca de experiências. A Terapia de Família na dependência química tem como premissa básica o trabalho de avaliar a emergência de cada caso, visando ao encaminhamento para avaliações ou tratamentos concomitantes, se necessário. Visa ao restabelecimento da hierarquia familiar, reconstruindo as funções de parentalidade para buscar a independização possível de seus membros e a procura de padrões funcionais de relacionamento e de qualidade de vida, à medida que prescindam das drogas.

A Terapia Familiar nos casos de abuso e violência abre um espaço terapêutico para que a família fale de suas culpas, vergonha, medos e raivas, explorando suas competências, resgatando sua dignidade. As famílias se convocam para ajudar a solucionar o problema de um ou todos, gerando-se um verdadeiro "efeito de rede", de apoio mútuo. Trabalham-se crenças, facilitando-se mudanças e perspectivas, à medida que ao compartilhar suas histórias aliviam sua dor e solidão, ampliando e fortalecendo a interação. Retoma-se a confiança nas relações, na dignidade, na solidariedade e na cidadania.

6. Atendimento Pediátrico do Pró-Jovem

O atendimento pediátrico dos adolescentes que utilizam o serviço tem um enfoque integrado de atenção primária de saúde e contempla a avaliação de sinais de doença grave não-específicos para encaminhamento imediato ao Hospital e seqüencial de sinais e sintomas para diagnóstico e tratamento. Este processo permite identificar doenças que necessitem acompanhamento por médicos especialistas e/ou outros profissionais.

Alguns procedimentos principais são: avaliação do estado nutricional, da situação de vacinação, vulnerabilidade as DST/Aids, bem como prevenção e tratamento. Também buscam-se identificar situações de abuso e violência, o uso de substâncias psicoativas encaminhando para tratamento, a identificação do grau de exposição a gestação precoce, sua ocorrência, abortos e intercorrências trabalhando com prevenção e orientação.

7. Atendimento Psiquiátrico

Os pacientes chegam para avaliação por encaminhamento direto de instituições ou de profissionais que estejam acompanhando os casos para determinar a necessidade ou não de iniciar uma terapêutica medicamentosa, auxiliando em uma definição diagnóstica na área de saúde mental. Apesar de partir de um modelo psiquiátrico tradicional, qual seja: avaliação psiquiátrica dentro das funções do ego e sintomas específicos visando a um diagnóstico ou, no mínimo, a uma hipótese e conduta indicada, o atendimento apresenta características específicas relacionadas à população atendida.

Tendo em vista os atendimentos/avaliação que tenhamos realizado, observamos a necessidade da interação do técnico com instituições (FEBEM — abrigos e internação, Promotoria, FASC, Juizado da Infância, etc.) que abrigam, são responsáveis e cuidadores (no papel dos pais) dos pacientes. É necessário uma visão mais ampla do que significa família para termos uma visão mais clara do que acontece nesses casos e poder ajudar.

Com base em um referencial não apenas médico, mas muitas vezes sociológico, busca-se uma intervenção não só para a situação imediata, mas combinada com soluções maiores, voltadas para uma problemática social e/ou familiar, ou seja, a essência do atendimento segue a mesma de outros profissionais, técnicos da área, pois são necessárias intervenções medicamentosas/psicoterápicas para questões relacionadas à saúde mental, embora sempre com essa visão para além do consultório e do imediato.

Referências bibliográficas

AZEVEDO, Maria Amélia de; GUERRA, Viviane Nogueira de Azevedo. *Infância e violência doméstica*. São Paulo: (LACRI), Laboratórios de Estudo da Criança, 2000.

BITTENCOURT, Lígia. A clínica das entrevistas preliminares nas toxicomanias: a desmontagem da demanda de atendimento. *Cadernos do NEPAD/UERJ*. Material fornecido em capacitação do PROAD/ Projeto Quixote. Porto Alegre, 2000.

COLL, C. PALACIOS, J. MARCHESI, A. (org.). *Desenvolvimento psicológico e educação: psicologia evolutiva*. Porto Alegre: Artes Médicas, 1995.

CORDIÉ, Anny. *Los retrasados no existen — psicoanálisis de niños con fracaso escolar*. Buenos Aires: Nueva Visión, 1994.

FICHTNER, Nilo (org.). *Prevenção, diagnóstico e tratamento dos transtornos mentais da infância e adolescência: um enfoque desenvolvimental*. Porto Alegre: Artes Médicas, 1993.

FISCHMAN, Charles. *Tratando adolescentes com problemas — uma abordagem de terapia familiar*. Porto Alegre: Artes Médicas, 1996.

FURNISS, Tilman. *Abuso sexual da criança: uma abordagem multidisciplinar*. Porto Alegre: Artes Médicas, 1993.

MADANES, Cloé. *Sexo, amor e violência*. Campinas: Editora Psy, 1990.

MARLATT, G. Alan. *Redução de danos: estratégias práticas para lidar com comportamentos de alto risco*. Porto Alegre: Artes Médicas, 1999.

NARVAZ, Marta; BERWANGER, Carmem. *Abuso sexual infantil — compartilhando dores na esperança de reescrever uma nova história: uma experiência com grupos multifamiliares*. Texto fornecido em capacitação. Hospital Presidente Vargas, 2000.

NETO, Ana Maria Q. Fausto; QUIROGA, Consuelo. Juventude urbana pobre: manifestações públicas e leitura sociais. In: *Linguagens da violência*. Rio de Janeiro: Rocco, 2000.

OLIVEIRA, Maria de Paula. *Acolhimento*. Material fornecido em capacitação do PROAD/Projeto Quixote. Porto Alegre, 2000.

PARADA, Carlos. *O acolhimento revisitado*. Material fornecido em capacitação do PROAD/Projeto Quixote. Porto Alegre, 2000.

RONDELLI, Elizabeth. Imagens da violência e práticas discursivas. In: *Linguagens da violência*. Rio de Janeiro: Rocco, 2000.

STANTON, M. Todd; COLS, T. Y. *Terapia familiar del abuso y adicción a las drogas*. 1985.

USANDIVARAS, C. Abordaje en drogadicción juvenil. *Revista Terapia Familiar*, 1986.

Capítulo VIII

A EXPERIÊNCIA DO PROGRAMA FAMÍLIA, APOIO E PROTEÇÃO: considerações a respeito do trabalho com famílias

*Adriana Furtado Silva**

Pretendemos aqui apresentar, refletir e discutir o trabalho com famílias realizado pelo Programa Família, Apoio e Proteção que ocorre através dos Núcleos de Apoio Sócio-Familiar (NASF) da Fundação de Assistência Social e Cidadania. A partir da experiência do projeto piloto "Apoio e Proteção à Família de Crianças e Adolescentes Usuários de Substâncias Psicoativas" e sua contribuição na metodologia do NASF, busca-se discutir a respeito do trabalho com famílias de grupos populares, bem como a sua incidência especificamente para a superação e/ou prevenção da situação de rua vivida pelas crianças e adolescentes das famílias.

Este trabalho está dividido da seguinte forma: na primeira parte, explicita-se o olhar que temos sobre as famílias (referencial); na segunda, faz-se um breve histórico do trabalho com famílias na FASC; na terceira procura-se explicitar a metodologia do programa.

---

* Assistente social da equipe do Programa Família, Apoio e Proteção da Fundação de Assistência Social e Cidadania/Prefeitura Municipal de Porto Alegre e mestranda em Sociologia pela Universidade Federal do Rio Grande do Sul.

A família como valor

A política de assistência social é um direito garantido pela Constituição Federal de 1988, regulamentado pela Lei Orgânica de Assistência Social (LOAS). Este instrumento legal define a família como eixo estratégico. No Artigo 2º, a proteção à família, maternidade, infância, adolescência e velhice são objetivos da assistência social; no Artigo 4º, o direito à convivência familiar é um dos princípios desta política; os artigos 20 e 22 definem que os benefícios a serem concedidos dependem da renda familiar.

A definição da família, infância e velhice como eixos estratégicos na LOAS revela uma preocupação em garantir a estes segmentos populacionais uma política que cubra, previna ou reduza riscos e vulnerabilidades sociais.

A política de Assistência Social da qual o programa faz parte não se esgota em si mesma, mas pressupõe a articulação das demais políticas sociais, da qual é "porta" de acesso a uma população em geral excluída até mesmo dos serviços sociais básicos. Esta política configura-se, no atual quadro, como uma importante estratégia de combate à pobreza, que poderá efetivar-se somente através de um processo de articulação, visando à (re)inserção social.

O desenvolvimento de uma política de proteção integral destinada a grupos populares envolve uma revisão valorativa, que considere a totalidade desses sujeitos permitindo que as ações a serem desenvolvidas contribuam para a sua autonomia. Desse modo, o sentido que a família, o trabalho e a violência têm para as famílias atendidas deve ser considerado.

Com relação à concepção de família, estudos antropológicos mostram que, sendo uma construção social e simbólica, as relações familiares são estruturantes da vida social. Parte-se, então, da família com suas peculiaridades, atuando dentro de um contexto social.

"Não sendo nem remédio para todos os males nem grupo amorfo, a família sofre pressões, mas também gera cultura e proporciona a formação de vínculos. Ela não pode substituir a sociedade na defesa e promoção dos direitos de cidadania de suas crianças e adolescentes, mas pode mediar e lutar por esses direitos. Que ela apresente dificuldades, crises e riscos não é o problema. O fundamental é que ela encontre apoio e meios para lidar com essas dificuldades e problemas. A família se apresenta, enfim, como um sistema vivo em interação permanente com as instituições sociais (...)" (Fonseca, s/d.: 19)

Para a compreensão da concepção de família, com que se trabalha, cabe evidenciar algumas características, a saber: a divisão sexual do trabalho, o papel do chefe provedor, o prevalecimento das relações de consangüinidade em detrimento da conjugalidade, e a instabilidade conjugal.

Inúmeros estudos sobre os grupos populares têm constatado que existe uma forte divisão sexual do trabalho (Fonseca, s.d; Sarti, 1995; Telles, 1992, entre outros). Espera-se do homem e da mulher casados que cada um cumpra os seus deveres, socialmente constituídos: o homem é responsável pela provisão da família e por garantir a respeitabilidade perante a comunidade, ele é o responsável pela imagem externa da família, enquanto a mulher é a responsável pela educação dos filhos e os serviços domésticos.

Para as mulheres dos grupos populares, o casamento é considerado uma experiência fundamental e está relacionado diretamente a sair da casa dos pais, ter filhos e sua própria casa, pois lhe garante a própria condição de mulher neste grupo.

Estas mulheres, além de serem pressionadas pelos companheiros a não procurarem trabalho, apontam que o trabalho não é reconhecido e valorizado. Quando obtêm um trabalho, em muitos casos com rendimentos superiores ao do homem, não há reconhecimento, o ganho da mulher é visto como uma ajuda.

A autoridade masculina mesmo em situações em que o homem não consegue prover a família, é inquestionável, como afirma Sarti (1995:138), esta autoridade não se constitui somente pela provisão mas também se fundamenta pelo "seu papel de intermediário entre a família e o mundo externo, seu papel de guardião da respeitabilidade familiar".

Como observa Paim (1999:2), "nem sempre as atribuições masculinas são realizadas pelos maridos, estes podem ser substituídos por alguns dos homens da rede familiar". Esta característica está relacionada com o prevalecimento das relações consangüíneas em detrimento da conjugalidade.

Os laços de consangüinidade e suas relações expressam-se como a vinculação mais sólida e eficaz, capaz de ser acionada em momentos árduos. Estes laços são possíveis de resistir a longos períodos de separação e a fortes conflitos.

Como refere Paim (1999), é possível, a partir da noção do privilégio dos laços consangüíneos, compreender a instabilidade conjugal, característica também pertinente às dinâmicas familiares dos grupos populares.

A noção de instabilidade conjugal é apontada por Fonseca (citada por Paim, 1999), porque nas famílias populares não há projetos ou concepções que justifiquem a durabilidade do casal, por exemplo, é um fato que não se considera relevante para o bom desenvolvimento dos filhos a presença do casal ou da mãe biológica. Por outro lado, são comuns as referências de que as mulheres teriam uma sucessão de homens em especial pela dificuldade em cumprir o pacto de reciprocidade (vulnerabilidade de exercer o papel de provedor).

A categoria trabalho insere-se como valor para os grupos populares não como um valor em si, mas justificado como meio de suprir a subsistência da família. Como afirma Zaluar (1985), "não é uma ética de trabalho, mas uma ética de provedor, que leva os membros da família a finalmente aceitarem a disciplina do trabalho. É assim que o trabalhador pobre alcança a redenção moral e, portanto, a dignidade pessoal".

Neste contexto, o trabalho dos filhos — crianças e jovens — é visto como parte do próprio processo de sua socialização, em famílias nas quais dar, receber e retribuir constituem as regras básicas de suas relações (reciprocidade). O trabalho dos filhos entra neste circuito de obrigações familiares.

Além disso, a iniciação no trabalho (pelo biscate e mendicância, na maioria dos casos) não acontece somente pela necessidade de subsistência, mas também porque o trabalho é considerado por esses grupos como um meio de socialização, de educação, é utilizado pelos pais como uma ocupação do tempo livre, para afastá-los das más companhias, do ócio e da 'vagabundagem', e como preparação para os trabalhos que virão na vida adulta.

A questão da experiência com violência é mais do que a convivência com o mundo do crime, ela constitui-se através da imagem construída vinculando as pessoas que moram na periferia como criminosos, a forma como a polícia os trata, o preconceito por ser pobre, constituem o cotidiano das famílias dos grupos populares e operam na construção da identidade em especial dos jovens, que tornam-se ameaça por sua própria condição de pobre. Como afirma Zaluar (1994:17), a consciência dessas barreiras torna-se um fator a mais para a inclinação dos jovens dos grupos populares para o crime: "é um círculo que opera como um obstáculo efetivo à obtenção de emprego e como um mecanismo psicológico poderoso na construção de sua identidade".

É possível observar que as atividades ilegais como roubo e tráfico de drogas vêm se tornando uma alternativa de subsistência para os grupos populares. Porém, apesar da sedução e facilidades do mundo do tráfico, ante um contexto cheio de barreiras, o trabalho tem um significado positivo para os grupos, trabalhar é uma "opção moralmente superior" que não está só ligada a ética de provedor, mas também de autopreservação, já que as atividades ilícitas envolvem alto risco.

Um breve histórico do Programa Família, Apoio e Proteção

O trabalho com famílias na FESC[1] foi iniciado em 1995, através do projeto piloto denominado Sinal Verde, que tinha como

---

1. Em 2000 a Fundação de Educação Social e Comunitária (FESC) passa a ser chamada de Fundação de Assistência Social e Cidadania (FASC).

objetivo atender famílias cujos filhos mendigavam nas sinaleiras. Estas famílias recebiam uma bolsa em dinheiro por criança na sinaleira, e eram atendidas na Unidade Operacional Centro, durante um período de seis meses.

Esta proposta responderia às reivindicações da 1ª Conferência Municipal de Assistência Social realizada em 1993 e da 1ª Conferência Municipal para Infância e Adolescência em 1994, onde propuseram ao poder público a implantação de uma política de proteção social a famílias em situações difíceis e que apresentassem limites em promover a proteção de suas crianças e adolescentes.

Em 1997, implantou-se o Projeto Rede de Apoio e Proteção à Família, em parceria com a iniciativa privada e quatro entidades não-governamentais, tendo a mesma referência metodológica. As famílias recebiam uma bolsa-auxílio no valor de R$ 150,00, por um período de seis meses, renováveis por mais seis meses. Desta forma, mais 160 famílias foram incluídas no atendimento com o recebimento de uma bolsa-auxílio.

No mesmo período foram implantados Núcleos de Apoio Sócio-Familiar-NASF no Centros Comunitários da Fundação, em cada NASF eram atendidas 40 famílias em situação de vulnerabilidade. Estas famílias recebiam cesta básica como benefício e eram acompanhadas por um assistente social.

Através do Decreto nº 1197, de 10 de junho de 1998, unificaram-se os projetos Rede de Apoio e Proteção e Núcleos de Apoio Sócio-Familiar (Programa de Apoio e Orientação Sócio-Familiar). Desta forma, o programa passou a contar com a mesma metodologia para o conjunto da cidade, isto é, a rede própria e conveniada e com a conversão das cestas básicas em bolsa-auxílio.

No mesmo ano, desenvolveu-se, em parceria com o UNICEF, o projeto piloto "Apoio e Proteção à Família de Crianças e Adolescentes Usuários de Substâncias Psicoativas" em dois NASFs. Neste projeto, buscou-se o aprofundamento da discussão metodológica do trabalho com famílias, como também a articulação intersetorial envolvendo as políticas de saúde e educação.

Em 2000 implanta-se, juntamente com o NASF, o Programa de Erradicação do Trabalho Infantil (PETI), que tem a mesma metodologia do NASF, atendendo famílias com crianças e adolescentes, de 7 a 14 anos, trabalhando em atividades consideradas insalubres, degradantes ou perigosas.

Atualmente, o Programa Família, Apoio e Proteção ocorre em 28 núcleos (20 na rede própria e 8 desenvolvem-se através de convênios), e integram o programa o Núcleo de Apoio Sócio-Familiar (NASF) e o Programa de Erradicação do Trabalho Infantil (PETI). Este programa consiste em repasse mensal de bolsa-auxílio no valor de R$ 150,00 e acompanhamento técnico às famílias.

A proposta metodológica do Programa: o atendimento às famílias

O programa tem como objetivo desenvolver ações sistemáticas de apoio e orientação a famílias com crianças e adolescentes na perspectiva do resgate e fortalecimento dos vínculos familiares e comunitários. Procura-se construir com as famílias alternativas de superação das questões que as levaram ao ingresso no programa; articular a rede de atendimento, possibilitando o acesso às políticas públicas de forma integral; estimular a participação na vida comunitária, mobilizando e buscando alternativas coletivas na construção de um sujeito cidadão e possibilitar apoio financeiro, através de bolsa-auxílio mensal.

São atendidas famílias residentes em Porto Alegre há no mínimo um ano, com renda per capita de até ½ salário mínimo, cujas crianças e adolescentes estejam em situação de risco. Dentre as situações de risco salientam-se: o trabalho infantil; a drogadição; o abuso sexual; os maus-tratos; a mendicância; a situação de rua e a violência doméstica.

Estas famílias acessam o programa de duas maneiras. Podem vir espontaneamente em busca do serviço ou encaminhadas pelo Conselho Tutelar, Ministério Público, Juizado da Infância e Juventude, escolas e serviços sociais e de saúde da região.

O processo de seleção ocorre através da entrevista individual inicial e visita domiciliar, em que busca-se conhecer as expectativas dos responsáveis em relação ao projeto, o que os levaram a procurar o serviço e o motivo do encaminhamento, levando-se em consideração os valores e práticas próprios ao universo cultural do entrevistado. A visita domiciliar nesta etapa tem como objetivo a complementação de dados para compor a avaliação.

O processo de acompanhamento familiar é composto pelo plano de intervenção, o acompanhamento sistemático e a conclusão do atendimento.

O acompanhamento sistemático realizado no período em que a família permanece no projeto, tem como eixos a articulação da rede de atendimento através da: articulação das vagas disponíveis nos serviços de saúde da região e da cidade para os adultos, crianças e adolescentes; articulação das vagas da rede escolar municipal e estadual, creches e demais atividades sócio-educativas para crianças e adolescentes; organização da documentação das crianças, adolescentes e adultos; encaminhamento dos adultos para atividades de geração e renda.

Desde o projeto Sinal Verde estamos discutindo o atendimento das famílias que têm crianças e adolescentes em situação de rua, a experiência do Projeto "Apoio e Proteção à Família de Crianças e Adolescentes Usuários de Substâncias Psicoativas" nos possibilitou ampliar e aprofundar este debate. Para que o acompanhamento às famílias torne-se efetivo faz-se necessário buscar uma compreensão do universo simbólico das famílias por parte de quem atende, como também que haja uma rede que realize um trabalho de retaguarda e articulado entre as políticas de saúde, educação, geração de renda, esporte e lazer.

A compreensão do universo simbólico das famílias não é uma tarefa fácil e dada *a priori*, as pessoas que procuram ou são encaminhadas para um programa de assistência social são vistos por seus problemas, pela suas faltas a partir da visão de quem os atende. Romper com essa visão e compreender o modo de vida dos grupos popular é um desafio que só pode ser vencido proporcionando e priorizando momentos de formação e reflexão. Temos procurado construir uma política de atendimento intersetorial, além de haver uma disposição política para que isso aconteça, é necessário que esta articulação se efetive no cotidiano, no concreto, através do compromisso e capacidade de diálogo entre os agentes envolvidos.

Referências bibliográficas

BILAC, Elisabete Dória. Sobre as transformações nas estruturas familiares. Notas muito preliminares. In: RIBEIRO, Ivete; RIBEIRO, Ana Clara Torres (orgs.). *Família em processos contemporâneos: inovações culturais na sociedade brasileira.* São Paulo: Loyola, 1995, pp. 43-61.

FASC. *Projeto Núcleo de Apoio Sócio-Familiar.* Programa de Apoio e Proteção à Família. Coordenação da Rede Básica. Mimeo, 2000.

FONSECA, Claudia. *Feminino, masculino e formas de poder: uma questão de honra.* Mimeo, s.d.

PAIM, Heloísa Salviatti. *Dinâmicas familiares.* Mimeo, 1999.

SARTI, Cynthia. O valor da família para os pobres. In: RIBEIRO, Ivete; RIBEIRO, Ana Clara Torres (orgs.). *Família em processos contemporâneos: inovações culturais na sociedade brasileira.* São Paulo: Loyola, 1995, pp. 131-149.

TELLES, Vera da Silva. A experiência da insegurança: trabalho e família nas classes trabalhadoras em São Paulo. *Tempo Social*; Rev. Sociol. USP, 4 (1-2): 53-93, 1992.

ZALUAR, Alba. *A máquina e a revolta — as organizações populares e as significações da pobreza.* São Paulo: Brasiliense, 1985.

_____. *Condomínio do Diabo.* Rio de Janeiro: Revan/ed. UFRJ, 1994.

Capítulo IX
ABRIGO MUNICIPAL INGÁ BRITA

*Elaboração Coletiva**

O Abrigo Municipal Ingá Brita (AMIB) é uma estrutura anterior ao PAICA-Rua e passa a compô-lo em função do papel que cumpre atualmente; após seu reordenamento, realizado em 1996, passa a ser um abrigo de ação continuada destinado a adolescentes com trajetória de vida na rua.

É com este caráter que estabelece retaguarda aos casos atendidos no Programa que evidenciem a necessidade de inclusão em abrigos com esta característica. O AMIB vem a contribuir no sentido de complementar a rede de atendimento que, privilegiando o atendimento de crianças a adolescentes em situação de rua, compõe o Programa.

1. Conhecendo a trajetória de albergue a abrigo

O Abrigo Municipal Ingá Brita/FASC foi criado em 10 de março de 1988, através do Decreto Municipal nº 9116, com o ob-

---

* Equipe Técnica do Abrigo Municipal Ingá Brita.

jetivo de abrigar adolescentes meninos e meninas em situação de abandono, sem vínculos familiares, com idade entre 14 e 17 anos, oferecendo-lhes hospedagem temporária e encaminhamento social, numa proposta de "Albergue Noturno".

A realidade deste serviço apontou a necessidade de reavaliação da proposta de atendimento, bem como do objetivo do Programa, tendo em vista que o público-alvo daquela época caracterizava-se por "adolescentes com história de vida na rua, vínculos familiares rompidos", e que transformavam o então albergue em dormitório permanente.

Muitas alterações foram feitas no decorrer do tempo, dentre as quais o horário de atendimento: passou-se a oferecer atendimento a partir das 17 horas e não mais às 19 horas, ampliando-se também a Equipe Técnica, visando dar encaminhamento e acompanhamento nas atividades diurnas em outros programas da rede de atendimento. No entanto, a proposta ainda assim não respondia, no seu todo, às necessidades destes adolescentes, visto que permaneciam na rua em alguns períodos do dia. Desta forma, em 1995, o Programa foi reestruturado, passando a prestar atendimento 24 horas, em regime de abrigo, conforme o previsto no Artigo 90 do Estatuto dos Direitos da Criança e do Adolescente.

A reestruturação partia de duas questões, que para a equipe eram fundamentais:

- Quem eram estes adolescentes que freqüentavam o albergue?
- O que mudaria na vida de cada um deles o tipo de atendimento prestado?

Verificou-se, então, que tratava-se de adolescentes que não retornariam às suas famílias de origem e que, devido a sua história de vida, também não seriam encaminhados para famílias substitutas. Por esta razão, o Programa precisou ampliar ainda mais a dimensão do seu trabalho, não apenas cumprindo a legislação no que diz respeito às necessidades básicas do sujeito, mas também prevendo ações que contribuíssem para a construção de um projeto de vida adulta fora das ruas e fora das instituições oficiais.

O Abrigo também serve de retaguarda aos Conselhos Tutelares nas situações em que o adolescente necessitar de um lugar protegido, em razão de maus-tratos físicos e psicológicos, abandono, situação de risco na comunidade, orfandade e/ou abuso sexual.

2. Metodologia do trabalho

O Abrigo caracteriza-se por um programa de ação continuada, com vistas à construção da cidadania e de um projeto para o enfrentamento da vida adulta, promovendo a participação dos adolescentes no planejamento e na execução das atividades internas e externas, através de discussões de grupo, bem como a inserção em atividades diurnas externas, buscando a sua integração e participação na vida comunitária, com ênfase na escolarização e profissionalização.

O adolescente ao ser abrigado, passa por um período que chamamos de "vinculação", em que permanece na instituição acompanhado por uma Equipe Técnica, que busca reconstituir a sua história de vida, confeccionando toda a documentação e oferecendo atendimento na área da saúde especializada. Após este período, e estando o adolescente em "condições de ir e vir", é matriculado em escolas da rede pública e/ou em escolas especiais. O Abrigo conta também com atividades internas, de rotina diária. As rotinas internas visam estabelecer a participação do adolescente morador na organização da casa e das atividades propostas na área da higiene pessoal e cuidado com os seus pertences, participação nas escalas de limpezas, organização do abrigo e reuniões de grupo, atividades lúdicas (jogos pedagógicos, pingue-pongue, fla-flu, dama, xadrez etc.), esportivas (futebol, tênis, vôlei e atletismo), horário de estudo, oficinas culturais, atividades festivas e eventos. Entre essas alternativas destacam-se o Festival de Rap e a Festa Junina, em que os adolescentes envolvem-se na montagem do evento em um dos teatros da cidade, sempre contando com o acompanhamento dos monitores, oficineiro e Equipe Técnica.

A partir de uma concepção de que o programa não pode ser uma instituição fechada, de internação e/ou isolamento social, os adolescentes moradores devem estar inseridos na rede de serviços da cidade, de forma que os mesmos estejam preparados para a vida adulta, com independência e autonomia. Para isso, os adolescentes são encaminhados para cursos profissionalizantes, de acordo com as vagas existentes e aptidão de cada um, com o objetivo de entrarem no mercado de trabalho.

Em todas as atividades externas, como escola, cursos e atendimento na saúde, os adolescentes recebem o acompanhamento de técnicos do Abrigo, de forma sistemática, com o objetivo de apoiá-los nas suas dificuldades, e dos profissionais envolvidos no atendimento direto do adolescente nestes programas externos. Desta forma, buscamos através das atividades, bem como do acompanhamento sistemático, o rompimento com as vivências negativas anteriores, como por exemplo: história de rua, maus-tratos na família, ato infracional, uso de drogas, prostituição, abandono, estabelecendo com esses adolescentes, além de uma rotina diária, a construção de regras, normas, limites como forma de levá-los a experienciar vivências de auto-estima e descoberta de potencialidades, capacitando-os para a construção de um novo projeto de vida.

Os adolescentes, quando não estão em atividades externas, permanecem no abrigo, não sendo permitido a sua ausência na casa sem que a mesma seja justificada por uma atividade autorizada, visando, além do "cuidado", o rompimento com as situações negativas vivenciadas anteriormente. Quando o adolescente consegue estabelecer "condições de ir e vir", nas atividades externas propostas, ele passa a ter autorização de saída nos finais de semanas e feriados, com horário estipulado, sendo a saída até às 9 horas e o retorno até às 18h30. Esta autorização de saída "é livre", o adolescente poderá utilizá-la para visita à família ou simplesmente para passear com os colegas. Nenhum adolescente tem autorização de saída noturna, parcial e/ou integral.

Ao completar 17 anos, este adolescente morador inicia o acompanhamento direto na preparação do seu desligamento do Abrigo e enfrentamento da vida adulta, que se dará após completar os 18 anos de idade. Este acompanhamento é individual e de grupo, em que participam adolescentes moradores e "ex-moradores". Após o desligamento, este adolescente ingressa no "Projeto Bolsa-Auxílio Jovem Adulto" como forma de garantir o investimento no seu projeto de vida adulta, partindo de um desligamento processual. O detalhamento do Projeto da Bolsa Jovem Adulto está descrito em capítulo anexo, pois faz parte das ações integradas do PAICA-Rua.

Esta etapa é extremamente difícil, não só para o adolescente, como também para a equipe, pois é o momento de desligamento do Abrigo para iniciar uma nova etapa de sua vida. Irá morar sozinho e terá que romper com a rotina "protetiva" diária e constante da instituição. Apesar do projeto de acompanhamento sistemático, para este jovem, é a hora de "romper vínculos" novamente, agora com a equipe e seus colegas de quarto. Alguns passam por situações de "recaída", com diversas evasões e retornos ao Abrigo. Para os educadores é o momento crucial de "provar que deu certo", como também de elaborar o não convívio diário com o adolescente.

Para fazer cumprir o Projeto de Atendimento Integral, o Abrigo conta com uma Equipe Técnica e de apoio operacional, que trabalha de forma articulada, visando garantir uma unidade que auxilie o adolescente a reconstruir sua história e investir em novas possibilidades na construção de um novo espaço social e pessoal.

Capítulo X

BOLSA JOVEM ADULTO: projeto "apoio ao jovem com trajetória de vida na rua do município de Porto Alegre"

Elaboração Coletiva*

Este projeto foi apresentado dentro da estrutura do PAICA-Rua, num momento em que se explicitava um grande tensionamento: inexistia uma política de egressos capaz de garantir um processo que pudesse propiciar ao adolescente, que estava se desligando do Abrigo, investir no seu projeto de vida adulta e, de forma gradativa, se afastar das estruturas institucionais, não precisando acessá-las principalmente por conseguir concretizar seus investimentos no sentido da sua autonomia e emancipação.

Em função da demora em proceder os desligamentos, os abrigos acabavam por oferecer poucas vagas que possibilitassem novos ingressos, movimento que construía um aumento da demanda reprimida. Basicamente estas foram as justificativas para o município propor uma intervenção que incidisse nesta realidade. O Projeto, também conhecido como Bolsa Jovem Adulto, inicia seu pro-

---

* Equipe Intersecretarias do Projeto Bolsa Jovem Adulto (FASC e SMED).

cesso de implantação com verba do UNICEF no primeiro ano de funcionamento (1998), com caráter de Projeto-piloto.

A partir da afirmação de sua necessidade como política pública, passa em 1999 a ser planejado dentro do orçamento da Assistência Social, que, através da FASC, coordena o projeto, o qual interage num fórum intersecretarias, uma vez que disponibiliza as bolsas para diversos serviços, todos compondo a estrutura do Programa de Atenção Integral.

O projeto "Apoio ao Jovem com Trajetória de Vida na Rua do Município de Porto Alegre" tem por objetivo garantir o enfrentamento da vida adulta através de apoio social, técnico e financeiro.

Os jovens com idade a partir de 18 anos, vinculados ao Abrigo Municipal Ingá Brita, à Casa de Acolhimento e à Escola Municipal Porto Alegre recebem um subsídio de R$ 150,00 durante doze meses para contribuir no processo de auto-organização nas áreas de moradia, alimentação, educação, profissionalização e trabalho, de modo a propiciar autonomia no que concerne à gestão de seu projeto de vida.

Esses jovens comprometem-se a freqüentar a escola de modo regular, bem como a obter uma outra fonte de geração de renda e demonstrar alteração da sua relação com o uso de substâncias psicoativas, seja pela abstinência ou redução do uso de drogas.

Durante seu período de participação no Projeto, o jovem recebe acompanhamento individual por um técnico do serviço do qual é egresso, quando então são abordadas questões relativas a sua situação específica diante dos propósitos pactuados.

Há também a necessidade do comparecimento mensal do jovem adulto a reuniões de grupo envolvendo todos os participantes do Projeto. A confrontação de experiências e o estímulo colateral nessas atividades grupais têm sido instrumentos de valor inestimável, possibilitando o crescimento pessoal de muitos dos jovens participantes.

Desde sua implantação, o Projeto tem gerado um impacto positivo quanto a seus resultados. Em 1999, foi assumido como política pública para jovens egressos de serviços municipais cujos usuários tenham história de vida na rua desde sua infância e/ou adolescência.

1. O processo metodológico

O Projeto se desenvolve basicamente em cinco etapas metodológicas. Tais etapas serão descritas separadamente, embora na prática, aconteçam de forma simultânea.

1ª — Pré-seleção de adolescentes, em que são observados os seguintes critérios mínimos: querer participar do Projeto, assumindo os compromissos previstos; ter avaliação da equipe técnica do serviço que está freqüentando de que está em condições de ingressar no projeto; residir no município de Porto Alegre; estar freqüentando escola regularmente; ter uma outra fonte de geração de renda, de forma a poder subsidiar parte do seu sustento, e demonstrar alteração da sua relação com o uso de substância psicoativa (redução ou abstinência).

É uma etapa de grande importância, visto que o conjunto de critérios demonstra a condição de organização pessoal do jovem. Não há necessidade de, no momento da pré-seleção, o jovem preencher todos os critérios. Estes poderão ser atingidos ou demarcados como referência necessária, durante a preparação para o ingresso ou nos meses iniciais do acompanhamento.

2ª — Apresentação do Projeto aos jovens pré-selecionados que poderá ocorrer de forma individual ou coletiva, conforme cronograma de ingresso de cada serviço. Em geral os adolescentes já conhecem o Projeto e sabem que, ao chegarem aos 18 anos, têm a oportunidade de inclusão. Procura-se abordar com os adolescentes seus interesses, suas intenções e perspectivas nesse momento de sua vida.

3ª — Preparação para o desligamento do serviço, considerando que o mesmo é de abrigagem; esta preparação ocorre desde ingresso e é intensificada neste período. Já no serviço de escola aberta, a preparação se dá na inclusão em outra escola de referência. Nesse momento é trabalhado principalmente o processo de escolha e organização da moradia.

4ª — Assinatura do contrato jurídico, que caracteriza-se por ser uma etapa formal, porém entendida como um momento importante e de um singular caráter pedagógico. Nela se estabelece o compromisso de forma objetiva, sendo esclarecidos os direitos e deveres das partes. Muitas vezes é efetivamente o contrato que possibilita a retomada dos objetivos do Projeto evidenciando eventuais descumprimentos de compromissos.

5ª — Acompanhamento individual e grupal, sendo que o primeiro é levado a efeito por técnicos dos serviços que integram o Projeto, preferencialmente por um de referência. Consiste basicamente de entrevistas individuais nas quais são focalizadas dificuldades e avanços no processo de autonomia e exercício do plano de vida. A periodicidade desse acompanhamento ocorre conforme a demanda de cada caso. O acompanhamento grupal é conduzido pelos três técnicos dos serviços componentes do Projeto, um de cada serviço. Ocorre mensalmente com a presença de todos os jovens adultos participantes. Tem por objetivo monitorar questões que envolvam a qualidade de vida dos jovens. Propiciam troca de experiências e apoio recíproco. Algumas vezes são utilizadas técnicas diretivas voltadas a pontos específicos do desenvolvimento do Projeto.

2. Considerações finais

Neste momento, ampliamos os serviços parceiros que compõem o projeto (Casa Harmonia, Acolhimento Noturno, Escola Porto Alegre e AMIB), implicando diferentes frentes na construção de uma política de egressos. Estamos mais responsabilizados em propor com que essa ação vise autonomia e emancipação enquanto práticas possíveis, nos projetos de vida destes jovens.

Capítulo XI

PERSPECTIVAS: trabalho educativo e geração de renda

Elaboração Coletiva*

O PAICA-Rua tem imprimido a lógica de perceber e apontar lacunas, que sejam propositivas no sentido de integralizar as ações destinadas a promover a superação da situação de rua, via a inclusão social. Este viés nos remete a buscar em duas políticas essenciais — trabalho e moradia — suporte para conceber algumas alternativas.

As respostas que apontam para a organização e autonomia, quer dos indivíduos adolescentes e jovens adultos na construção do seu projeto de vida, quer das famílias que recuperam a condição de proteção e cuidado de seus membros, passam necessariamente por articular as áreas de moradia e trabalho e geração de renda junto às demais políticas sociais, construindo alternativas efetivas e encadeadas, apontando em médio prazo para a emancipação de seus beneficiários.

Sendo esta nossa percepção, no processo de implantação do Programa começaram a se constituir experiências, as quais, se num

---
* Equipe de Assessoria Comunitária — SMIC.

primeiro momento não estavam articuladas, foram legitimadas por suas respostas positivas.

Atualmente integram as ações intersecretarias, servindo como experiências inovadoras, aquelas executadas a partir do Núcleo do Trabalho Educativo, enquanto apoio curricular na Escola Porto Alegre em conjunto com a Secretaria Municipal do Meio Ambiente e da Secretaria Municipal da Produção, Indústria e Comércio, bem como a Oficina do Papel Social, numa parceria intersecretarias mais ampliada, conforme detalhado no capítulo seguinte. Estas experiências se destinam a envolver mais o público de adolescentes e jovens adultos que devem priorizar seus investimentos nos projetos de vida adulta.

Outra frente de articulação se dá como retaguarda aos adultos, provedores dos núcleos familiares, a partir da inclusão destes em cursos de qualificação e posterior inclusão no mercado a partir de formas alternativas de produção.

A partir de agora faremos uma exposição pontual das políticas existentes, salientando que as interfaces junto ao Programa de Atenção Integral se dá passo a passo, sem reproduzir práticas impostas e esvaziadas mas sim, legitimadas a partir da sua real necessidade e adequação.

A Supervisão de Economia Popular (SMIC) não possui projetos específicos de atendimento a este público, mas participa de projetos articulados com os demais órgãos da prefeitura desenvolvendo ações que envolvam a questão da geração de trabalho e renda e alternativas de organização para tanto. Uma parceria realizada entre a Secretaria Municipal de Produção Indústria e Comércio/SMIC e Secretaria Municipal de Educação/SMED através da Escola Porto Alegre/Núcleo de Trabalho Educativo (NTE) executou cursos de jardinagem para adolescentes vinculados à Escola Porto Alegre. A partir dessa experiência, está sendo proposta a ampliação desta ação para outras áreas de trabalho.

Neste sentido, o projeto interno que mais se aproxima desta necessidade é o Programa de Educação para o Trabalho e Cidadania/PETC; a partir dele desenvolvemos as seguintes ações:

Trabalho educativo na Escola Porto Alegre

- Curso de Jardinagem para Jovens Adultos — este projeto é fruto de discussão coletiva envolvendo Secretarias da PMPA que desenvolvem atividades ou apóiam ações na área da Educação Ambiental e do Trabalho Educativo com adolescentes e jovens. As parcerias se dão especialmente entre a Secretaria Municipal do Meio Ambiente, Secretaria Municipal de Educação, Secretaria Municipal da Produção, Indústria e Comércio e a Fundação de Assistência Social e Cidadania.
- Oficina de Papel Reciclado — desenvolvida nos mesmos moldes da jardinagem somando a Usina do Papel.

Programa de Erradicação do Trabalho Infantil (PETI)

Este programa tem por objetivo contribuir para a redução e erradicação do trabalho infantil, repassando mensalmente recursos financeiros às famílias com crianças e/ou adolescentes vítimas de trabalho infantil. A atribuição básica da SMIC neste processo é a de trabalhar a inclusão dos membros acima de 16 anos em programas de qualificação profissional e geração de renda.

Programa de Educação para o Trabalho e a Cidadania (PETC)

Com o objetivo de fomentar o tecido econômico local e as micro e pequenas empresas, contribuindo para a criação de uma economia popular solidária, com base no associativismo e nas iniciativas autogestionárias, o PETC constitui-se como um programa em que o trabalhador desempregado recebe uma bolsa-auxílio mensal durante quatro a seis meses e aprende tecnicamente um ofício, na perspectiva da organização de uma cooperativa de trabalho.

Capítulo XII
PROJETO PAPEL SOCIAL

*Celina Cabrales**

Em consonância com as políticas públicas de inclusão social implementadas pela Administração Popular, nasce em março de 2001 o Projeto Papel Social, sob a coordenação da Secretaria Municipal da Cultura em parceria com a Secretaria Municipal da Produção, Indústria e Comércio, visando potencializar e articular a produção do papel artesanal no município de Porto Alegre, a partir da formação de recicladores qualificados, criativos e autônomos, desenvolvendo a sua consciência ecológica e histórica, o espírito coletivo, autonomia no trabalho, a sensibilidade para a criação e a construção do conhecimento relativo ao material.

Entretanto, para tratarmos sobre esse Projeto, faz-se necessário, inicialmente, falar um pouco do significado deste nome que, na sua essência, pressupõe uma visão de mundo e uma opção política: ou somos meros espectadores que contemplam omissos as injustiças sociais ou nos indignamos com elas.

Esta indignação traduz o objetivo deste Projeto que busca contribuir para que os adolescentes, jovens e adultos com idade

---

* Coordenadora da Usina do Papel — SMC.

entre 16 e 21 anos e em situação de risco possam construir um projeto de vida autônomo e digno, sejam eles os trabalhadores com sofrimento advindo do processo produtivo, recicladores em galpões de triagem, artesãos produtores de papel artesanal, alunos das Escolas Municipais Porto Alegre e Neusa Brizola, bem como de instituições governamentais, não-governamentais ou privadas com finalidade social.

Nesta perspectiva, o Projeto Papel Social agregou diversas secretarias que já vinham atuando na área da reciclagem artesanal de papel, entre elas a da educação (SMED), que desenvolvia ações de caráter informativo ou curricular sobre artesanato e educação ambiental, patrimonial ou artística, limpeza urbana (DMLU), desenvolvimento econômico (SMIC), assistência social (FASC), saúde (SMS) e cultura (SMC), em que o enfoque é a promoção da autonomia, do trabalho educativo e cooperativo para geração de renda, passando a fazer parte do conjunto de ações articuladas que buscam o enfrentamento da exclusão social, entre elas o Programa Municipal de Atenção Integral a Crianças e Adolescentes em Situação de Rua.

Ao participar desse programa, o Projeto Papel Social busca contribuir para que o menino ou menina em situação de rua construa o desejo de sair da rua, seja através do fortalecimento do vínculo e da relação de confiança com o educador social ou da proposição de alternativas de sobrevivência para o momento de saída da situação de miserabilidade.

Com esse propósito, as ações previstas no projeto têm o caráter educativo, solidário, coletivo e interdisciplinar, baseadas na concepção de que o pleno desenvolvimento da personalidade humana só é viabilizado quando o sujeito exerce, na sua plenitude, os seus direitos econômicos, sociais e culturais, assim como os seus direitos políticos.

O desenvolvimento deste Projeto prevê o acompanhamento integral, por parte das secretarias envolvidas nas ações, no período de seis meses, durante um turno diário. A partir desta articulação, ficam propostas como metas semestrais: o funcionamento de três núcleos de produção com equipamentos, nucleação de trinta produtores de papel artesanal com carteira de artesão integrando um coletivo de produtores, produção total mês equivalente a cinco mil folhas, criação de linha de produtos singulares identificadores do projeto, fluxo de comercialização, estabelecendo a prefeitura como principal "cliente".

Em síntese, o Projeto Papel Social visa potencializar e articular a produção do papel artesanal no município de Porto Alegre, com vistas à geração de trabalho e renda, formando recicladores na produção artesanal do papel, de forma que o produto tenha qualidade e competitividade. Da mesma forma, o projeto visa formar também os profissionais da prefeitura envolvidos com o projeto para que exerçam a função de acompanhar as atividades, apoiando os grupos, sugerindo alternativas e supervisionando as ações desenvolvidas pelas secretarias e demais instituições envolvidas no processo.

Capítulo XIII
PERSPECTIVAS: política de habitação

*Elaboração Coletiva**

Na política de habitação, nosso acúmulo se apresenta mais a partir da clareza de que devam existir ações articuladas e complementares, que possam garantir a resposta a uma questão que para esta população se apresenta como crucial: a concretização de uma moradia ou melhorias em casas que eram basicamente tapumes e plásticos, sem nenhuma condição de reconhecimento como espaço físico que se pretende agregador.

O agravamento desta realidade se dá na medida em que as crianças e adolescentes também chegam às ruas, vindos deste afastamento, desta expulsão, do reconhecimento de que não têm uma moradia, capaz de acolhê-los.

Apresentaremos algumas ações que, conforme as necessidades avaliadas a partir da singularidade do caso, irão interagir como retaguarda ao PAICA-Rua.

A política habitacional desenvolvida pelo Departamento Municipal de Habitação (DEMHAB) está construída sob a égide

---

* Coordenação de Ação Comunitária — DEMHAB.

da participação popular ou quando se configura situação emergencial. Logicamente, a política habitacional não se resume somente à questão da moradia, mais sim, dos diversos aspectos relacionados com a qualidade de vida da população. Para atingir tal objetivo, o DEMHAB visa trabalhar de forma interdisciplinar e intersecretarias.

Está sendo priorizada no PAICA-Rua a discussão com o DEMHAB sobre projetos alternativos de moradia, visando construir uma política de egressos dos serviços de atendimento. O DEMHAB desenvolve atualmente cinco programas habitacionais que tratam das seguintes situações: Reassentamentos; Regularização Fundiária; Casas de Emergência; Cooperativas Habitacionais Autogestionárias e Programa de Ajuda Mútua (mutirão), conforme o detalhamento a seguir:

1. Programa de Reassentamento

O Programa de Reassentamento destina-se ao atendimento de famílias de baixa renda, que ocupam áreas impróprias para a moradia (risco ou insalubres), para realização de obras de desenvolvimento da cidade e para viabilização do Programa de Regularização Fundiária (PRF), de acordo com as definições do Orçamento Participativo.

O trabalho social realizado nos reassentamentos é de fundamental importância, pois propicia a construção de um processo participativo e de parceria, permeado por relações de horizontalidade, em que a comunidade possa discutir todas as questões que envolvam sua transferência para outra área. Neste sentido, os reassentamentos não se restringem apenas a questões de moradia, mas visa principalmente ao acesso da população às demais políticas sociais, como saúde, educação, geração de renda, assistência social, educação ambiental, lazer e outras, a fim de obter a efetiva melhoria da qualidade de vida.

O trabalho social inicia antes do reassentamento, criando um espaço de discussão direta com as famílias, levantando as necessidades e as aspirações da comunidade, dirimindo dúvidas acerca da transferência, objetivando potencializar a permanência das famílias no novo loteamento.

Através da relação com as famílias envolvidas, em parceria com escola local, se dá um enfoque especial às crianças e adolescentes, no sentido de participarem das oficinas de educação ambiental, da readaptação ao novo ambiente de moradia. Realizam-se, também, levantamentos das matrículas ou transferências deste público na rede escolar próxima ao novo loteamento. São vários resultados positivos neste sentido, como por exemplo: muitas crianças retomaram os estudos, ou mesmo melhoraram o desempenho escolar, após a família receber uma moradia mais digna.

2. Programa de Regularização Fundiária

O Programa de Regularização Fundiária visa regularizar a posse da terra, beneficiando comunidades de baixa renda que vivem irregularmente em áreas particulares ou públicas, sem infra-estrutura adequada. No caso das áreas particulares, onde os ocupantes residem, no mínimo, há cinco anos, a regularização da posse ocorre através do instrumento de USUCAPIÃO; nas áreas públicas, a regularização ocorre por meio do instrumento de Concessão do Direito Real de Uso.

Além de garantir a permanência dos moradores no local, a regularização dá acesso ao saneamento básico, pavimentação, iluminação pública, abertura de ruas ou acessos (antigos becos), oferecendo também mais segurança. Portanto, as comunidades, através da participação no Orçamento Participativo, passam a receber mais saúde, lazer, segurança e, principalmente, facilidade de locomoção e transporte. Nesta perspectiva, os moradores de vilas podem permanecer no local, melhorando a qualidade de vida.

A interface entre DEMHAB e as comunidades se dá através de reuniões nas associações de moradores, envolvendo os técnicos (arquitetos, engenheiros, advogados, assessores comunitários e assistentes sociais) e os moradores da área. Nestes espaços coloca-se em prática uma metodologia em que se apresentam as obras que serão desenvolvidas com auxílio de recursos didáticos, tais como mapas e maquetes, e, assim, os participantes tiram suas dúvidas. Além disso, há toda uma preocupação em promover a educação ambiental, redefinindo hábitos relativos à coleta do lixo, à preservação do ambiente e a uma melhor convivência com o meio. É oportuno ressaltar que nestes espaços, as informações sobre os canais de participação, ou mesmo sobre os recursos da comunidade são também apresentadas.

Dentro deste processo, as crianças e adolescentes também são beneficiados, pois permanecem no local de origem, usufruindo das benfeitorias de toda a comunidade. O transporte e o deslocamento até às escolas, os postos de saúde e outros recursos são de mais fácil acesso. Além disso, o lazer e a convivência se constroem com um diferencial, haja vista que cada morador, definido o seu lote, regulariza seu direito à moradia.

3. Casas de Emergência

Este programa oferece resposta para as situações de emergência, tais como: incêndio, desabamento, doenças infecto-contagiosas, ou casos de vulnerabilidade social encaminhados pelos Conselhos Tutelares.

Dentro disso, o DEMHAB, usando de uma verba específica, garante, de forma emergencial, uma moradia às famílias que apresentam as situações já mencionadas. Muitas destas solicitações são apresentadas por famílias com crianças — na média três a quatro crianças por família —, que, se não fossem contempladas através do programa, agravariam sua situação de vulnerabilidade social.

Para atender a tal demanda, uma assistente social faz uma visita domiciliar e avalia a situação socioeconômica. Na oportunidade, identifica os componentes do quadro familiar, dos recursos da rede pública, dos diversos equipamentos locais, para assim sanar outras necessidades que não sejam somente de moradia. Em muitos casos, os pais são informados da importância de inscrever as crianças nos postos de saúde e nas escolas locais, ou mesmo de buscar um maior envolvimento junto às associações comunitárias.

No ano de 2000 foram entregues em Porto Alegre 234 casas, beneficiando cerca de 900 pessoas, das quais 55% são crianças e adolescentes.

4. Cooperativas Habitacionais Autogestionárias

O Departamento presta assessoria à constituição de Cooperativas Habitacionais Autogestionárias, fornecendo material de orientação junto ao Cartório de Registros Especiais, assim como orienta os procedimentos no que se refere à aquisição de áreas e aprovação dos projetos.

Neste processo, a mobilização e a participação efetiva dos cooperativados são fundamentais para a concretização dos planejamentos.

As crianças e adolescentes que acompanham a trajetória dos pais compartilham experiência de participação solidária.

5. Programa de Ajuda Mútua – Mutirões

O DEMHAB assessora a organização comunitária pelo viés do processo de organização do trabalho, em que os interessados planejam a construção de suas casas. Um aspecto importante se refere ao desenvolvimento do projeto que se dá através da ajuda mútua. A interação entre o Departamento e as famílias envolvidas, assim como entre as próprias famílias é um crescendo. Desde as reuniões preparatórias até a concretização das obras.

O fato de trabalharem juntas, trocarem idéias, aumenta a união e a participação comunitária. Tanto é verdade que muitos chefes de família descobrem novas formas de sustento e mesmo de liderança.

Neste ínterim, as crianças e adolescentes apreendem com os adultos, além da conquista da moradia, valores que correspondem a cooperação, união e ajuda mútua.

Este programa concluiu cerca de 300 unidades habitacionais, beneficiando em média 1200 pessoas, sendo 48% crianças e adolescentes.

Encontram-se em fase de estudos outros dois projetos alternativos na área da moradia, voltados para a população em situação de vulnerabilidade social e que não atende aos critérios exigidos pelos demais projetos e programas existentes. São eles:

6. Casa Cidadã

Projeto em parceria entre a Secretaria Municipal de Produção, Indústria e Comércio (SMIC), a Fundação de Assistência Social e Cidadania (FASC) e o Departamento Municipal de Habitação (DEMHAB), que prevê a construção de um equipamento para a moradia transitória, tendo como usuários moradores em situação de rua em Porto Alegre, maiores de 18 anos, que possuam potencial para auto-organização e que minimamente tenham uma renda para auto-sustento. Devem estar ligados a um dos serviços da FASC e estar em situação de rua há pelo menos seis meses.

É um projeto piloto que cria um espaço com o objetivo de proporcionar à população adulta de rua uma moradia provisória, visando ao exercício da sua cidadania, autogestão e o ressignificado da sua própria história de vida.

7. Banco de Materiais

Projeto que prevê a destinação de recursos financeiros para famílias que necessitem ampliar o espaço físico da sua moradia.

Sabemos que em relação à política de moradia nossos esforços deverão ser propositivos, sendo juntos, provavelmente, com a política de trabalho e geração de renda, duas áreas prioritárias de intervenção. Para isso, a partir do planejamento anual do Programa foi proposto e já estão em funcionamento dois Grupos de Trabalho que organizarão as demandas a serem avaliadas e propostas pelo PAICA-Rua, junto ao Fórum de Políticas Sociais, e também irão garantir uma sintonia no conjunto de ações que têm o mesmo recorte e são desenvolvidas por diferentes secretarias.

São estes movimentos que alimentam o PAICA-Rua a se legitimar como interlocutor governamental do conjunto de necessidades das crianças, adolescentes e de suas famílias, que têm na situação de rua a marca da exclusão social.

Capítulo XIV

COMO TUDO COMEÇA...
E COMO CONTINUA...

Executiva PAICA-Rua

Durante os últimos anos, a Administração Popular tem implementado ações fundamentadas na participação popular, na democracia direta, incorporando os diferentes atores sociais no exercício da cidadania, no direito à cidade e aos seus serviços.

Como desdobramento desses princípios, coube à Secretaria do Governo Municipal, desde a primeira gestão, fomentar a discussão e a construção de políticas integradas e intersetoriais de inclusão social, considerando a sua função de mediadora entre os órgãos do governo, potencializando a interlocução entre as secretarias. Neste sentido, o lugar que a SGM ocupa dentro do governo municipal é extremamente estratégico e educativo, concebendo a administração pública como um todo.

E foi nessa concepção que, nos capítulos anteriores, o Programa Municipal de Atenção Integral a Crianças e Adolescentes em Situação de Rua foi tratado. Em determinados momentos a ênfase foi dada à sua história, em outros, foi dado destaque às conquistas, desafios e limitações. Neste capítulo, iremos tratar do cotidiano deste processo, da forma como ele é organizado e construído, das dificuldades e sucessos enfrentados para o desdobramento das ações.

Considerando que a realidade é dinâmica, faz-se necessário investir na formação continuada de todos os profissionais envolvidos e, para tanto, organizamos uma metodologia de trabalho a qual, a partir da participação de muitos, constrói uma prática que considera as diferentes nuances dos trabalhadores e da realidade das crianças e adolescentes.

Hoje buscamos uma prática e uma política integrada, fazendo valer os direitos conquistados pelo Estatuto da Criança e do Adolescente, contribuindo para transformar a realidade em que se encontram essas crianças e adolescentes que devem ser tratados como sujeitos de direitos. Devemos nunca esquecer, porque isto é um princípio, que os excluídos estão nesta situação não por opção mas por terem sido historicamente mantidos à margem da sociedade, que os vê com olhos de descaso.

Vendo-os como sujeitos, assumimos o compromisso de respeitá-los em sua integralidade e totalidade de direitos: saúde, educação, lazer, trabalho, família, integrando olhares, desejos e ações. O movimento de rede instaura-se e a dinâmica do cotidiano nos faz refletir sobre a nossa ação.

Hoje, o número de envolvidos com o Programa é cada vez maior: somos uma teia, uma rede de ações, lutando pelo mesmo objetivo, estando politicamente submetidos ao Fórum de Políticas Sociais — estrutura já referida nos capítulos iniciais — onde nossa relação política com o governo se oficializa e de alguma forma nos retroalimentamos.

O Programa se organiza a partir de algumas estruturas: a primeira delas é a *Executiva*, representação de quatro secretarias que compõe o Programa (SMED, FASC, SMS e SGM), reunindo-se quinzenalmente, para tratar dos encaminhamentos políticos, operacionais e afetivos. Esta equipe organiza a pauta das reuniões da segunda estrutura chamada *Equipe Técnica Diretiva*, configurando-se como a representação do conjunto de serviços de atendimento direto, vinculados ao Programa. Esta instância, quinzenalmente, trabalha no "azeitamento" das interfaces, estabelecendo discussões que demarcam os desafios a serem enfrentados a partir da terceira estrutura, os *Seminários Semestrais*. Estes encontros se propõem a aprofundar conceitos e diretrizes que deverão nortear a prática, orientada por um planejamento anual, em que os principais problemas são discutidos de forma participativa, com propostas de ações a serem encaminhadas.

Além de existirem pautas consensuadas, o dia-a-dia deste grupo corajoso não é fácil, e a preocupação com a saúde destes trabalhadores é inevitável. Procuramos fazer dos encontros de formação um espaço que ultrapasse a expectativa de construção de novos conhecimentos, mas um momento de relato de experiências e sentimentos a respeito de nossa prática.

Este processo de organização interna do Programa no sentido da articulação da rede intersecretarias é de responsabilidade da Secretaria do Governo Municipal, que só compreende este papel como coletivo.

Toda esta força vem de uma história, que envolve muitas pessoas na construção deste trabalho, dentro de uma administração pública que compreende o seu papel e exerce a sua função baseada no princípio da co-gestão, garantindo instâncias de democracia participativa e direta. O aprendizado de trabalhar em rede, de reconhecer nossa rede governamental, de tensioná-la para superar os limites, sem cair no engessamento institucional, nos confere hoje uma capacidade de partilhar os mesmos espaços de reflexão, de nos responsabilizarmos de forma coletiva pela leitura de cada caso, entendendo seu limite naquele momento e quais os caminhos para propor uma possibilidade de superação.

Hoje, e ao longo destes cinco anos de existência do programa, enfrentamos e geramos tensionamentos internos e externos, dentro e fora do governo. Todos os movimentos realizados que desencadearam algum reordenamento ou implantação de serviços foram minuciosamente acompanhados pelo conjunto de atores envolvidos nesta jornada. Aos destinatários de nossas ações, depositamos a inquietação saudável da percepção de crianças e adolescentes que não desistiram de ser sujeitos de suas histórias de vida, que nos ajudam a também não desistir, nem por segundos, desta luta.

A construção de uma política pública implica a sua aprovação e legitimação pelas estruturas dos conselhos de direitos e setoriais. Deixar de realizar estas ações, portanto, só se torna viável quando podemos substituí-las por outras, mais ousadas e eficazes.

A Administração Popular em Porto Alegre quer praticar com êxito uma política local integrada, em que a gestão social não é um capítulo menor do desenvolvimento de uma administração pública, mas a prioridade.

Uma gestão democrática não é mais fácil de ser concretizada, mas sem dúvida ela é muito mais cidadã.